JN084676

# 移動縁が変える地域社会

## 関係人口を超えて

編著　敷田麻実　森重昌之　影山裕樹

著　馬場武　岩永洋平　中島修　髙野あゆみ　田原洋樹　清野和彦

水曜社

# 移動縁が変える地域社会——関係人口を超えて

## はじめに

本書は、移動によって得られる縁である「移動縁」を扱っている。移動縁とは、移動する私たちがもつ機会、ご縁を意味する。自由な移動を満喫している現代の私たちは、いつしか移動することによる出会いやご縁の大切さを忘れかけていた。

しかし、2020年1月に始まった新型コロナウイルスの感染拡大によって、その常識は塗り替えられた。状況は激変し、感染の拡大防止のために移動をあきらめざるを得なかった。移動で得られていた体験やご縁の機会は失われ、私たちは移動を渇望するようになった。

2023年の夏、コロナ禍もいったんは収まり、再び移動する日常が戻ってきた。移動できることを取り戻した今、自由に移動できることの意味をもう一度考えてもよいのではないか。

現代の社会は、居場所を離れることを逃避や離脱だと批判する社会ではない。むしろ自由に移動できることで、仕事や生活、また余暇も成り立っている。移動することで生活が成り立つ「移動前提社会」といっていいだろう。

私たちは今、自由に移動する人びとを眩しい目で見る社会にいる。毎日見ているメディアやネット情報には、交流人口、長期滞在者、関係人口、二地域居住者、地域おこし協力隊、テレワーカー、デジタルノマド、地方移住者などの文字が頻繁（ひんぱん）に出てくるようになった。現代社会では、こうした「移動者」、すなわちノマド的、流動的に移動する人びとが好意的にとらえられている。

しかし移動しない人びとが多数派だった、また定住を前提としていた時代には、移動者は「よそ者」と呼ばれ、厄介者扱いを受けてきた。それは、定住する人びとが多数派であった時代だからこそできたことだった。移動者は少数派で、受け入れる地域側が常に多数であった。多数派は自分たちの権利が常に保障され、権力を持っていることに気づかずにいた。他方で、移動者であるよそ者は、多数派に遠慮しながらかかわりを築いてきた。

ところが、地方の人口が減少し、衰退する地域が2000年代に入って出始めると、移動者への期待が高まり始める。それは交流人口を経て、関係人口や地域おこし協力隊など、役に立つ人なら誰でもいいから来て欲しいという期待になっていった。ただし、決して「誰でもいい」というわけではなく、受け入れる人を選びたい、できれば地域にちゃんと役立つ人に来てもらいたいというのが、移動者を受け入れる地域側の正直な気持ちだった。

一方、2010年代以降は観光立国政策の効果によって、魅力がある地域には海外からも人びとが押し寄せるようになった。観光客という多数のよそ者を、地域は振興のために受け入れた。しかし、観光客が増えすぎた地域では「オーバーツーリズム」が問題になり、押し寄せる観光客が敬遠されることとなる。「観光客はつらいよ」である。

現代は誰もが移動する社会である。日常生活でも、観光などの非日常でも、はたまた移住や放浪でも、移動することは特別視されないし、制約もどんどんなくなっている。定住していても移動するし、移動者が一時的に定住する。つまり、定住者と移動者に分かれ、対立することに意味がなくなってきている。

そのため本書は、移動者側にも地域側にも加担しない。生活も仕事も移動で成り立つ「移動前提社会」にいることを背景に、移動者と定住者がどのように出会い、かかわりを充実させるかについて考えている。

その鍵は移動によって得られる縁、すなわち「移動縁」だ。私たちは移動することで、さまざまな出会いやかかわり、縁を紡いでいる。移動前提社会では、多くの人びとが移動し、移動縁を築く機会にあふれている。本書では各地の事例を通して、移動者と受け入れる地域側の差異を超えて得られる、豊かな移動縁のダイナミズムを描き出したい。

もちろん、縁そのものは出会いに過ぎないので、特段の意味はない。その縁に意味を見出すこと、つまり移動縁の意味を、移動者と地域側の双方がつくり出す、移動縁の意味づけこそが重要である。もう一度言う。本書は、移動者側にも地域側にも加担しない。両者の出会いから、豊かな移動縁を考えるきっかけにしていただければと思う。

## はじめに

章扉写真：敷田麻実

なかよく移動（スウェーデン・オスロ）

# 第1章 移動縁を生きる人びと

現代社会は移動によって成り立つ社会である。通勤通学を含め、余暇の観光もすべて移動が必要で、移動が前提となる社会である。社会システムも移動を前提としてつくられている。移動する人びとは以前「よそ者」と呼ばれていたが、「関係人口」へと評価も変わってきた。本章では、よそ者と地域の人びとがつくり出す新たな関係、「移動縁」について考えたい。

## 1. 移動を前提とした社会の到来

### ⑴ 移動によって成り立つ社会

私は自分が生まれた石川県加賀市で育ち、途中の大学進学や単身赴任期間を除けば、ほとんどの時間を「実家」と呼ぶ場所で過ごしてきた。ほぼ60年にわたって、同じ場所で暮らしていることになる。しかし私だけが特別なのではなく、私が暮らす地域では、隣家も顔なじみのお向かいも事情は変わらない。「土地の人」や「地元民」と呼ばれる人びとは、長年同じ場所に住み続け、同じ地域にある職場で働くことが一般的だ。

しかし結婚を機に、生まれ育った地域である隣町や隣県の福井県を離れ、ここに移ってきて住む人もいる。そうした人びとはすっかりこの町内になじんでおり（と見える)、そこで婦人会などのコミュニティ活動にかかわっている。よく考えれば、私のパートナーも数キロ離れた集落で生まれ育って、結婚とともにこの土地に移動してきた。

一方、私の職場である大学を見ると、様子が変わる。学生や教員たちは、東京や仙台、そして中国の四川省やベトナムのホーチミン市など、私が訪ねたことのない地域からもやって来る。彼らは自分の意思で移動してきた人びとであり、就職のために生活の本拠地を移していない私の方が少数派である。

ここまで私の周りの話をしてきたが、日本全体で見ると、今から60年ほど前の高度経済成長期には、毎年人口の4%が県境を越えて移動し、ピーク時には毎年160万人が三大都市圏に集まっていた。最近は毎年2%ほどに落ち着いているが、人口の一定割合が移動していることに変わりはない。

東京には、2022年に約44万人が他の道府県から流入した。その中では大学進学者と新卒者が目立っている。一見、他地域からの流入者が東京の人口比率の多数を占めるように思われがちだが、実際は実家が東京で、東京に定住している人びとが人口の50%以上を占めており、若年層ではその割合が70%を超えている（西岡ほか 2008)。東京にも「土地の人」は存在している。そうした定住者も、通勤のために長距離を移動したり、転勤で一時的に地域外に出たりする。さらに複雑なのは、移住した人びとは長くその地域で暮らすか、あるいはまた別の地域に移るかという選択も自由なことだ。

このように、長く地域で暮らす人と移住してきた人が混在していることに加え、その両者が一時的な移動もする。さらに、地域外から観光やビジネスのために来訪する人びともいるのが現代の地域である（写真1-1）。地域社会や地域コミュニティというと、一定期間そこに住み続けている人びとによって形成されているように思えるが、実際には定住者と移住者、一時滞在者が混在し、定住者も日常生活の中で移動している。このように、私たちは移動によって成り立つ社会、「移動前提社会」にいる。

### ⑵ 移動前提社会への道のり

今日の社会が移動前提社会であることは納得できるとしても、それは最初から成立していたわけではない。そもそも移動は初めから保障されていた権利ではなく、私たちが獲得してきた権利である。

**写真1-1　観光客は移動者の代表**（金沢市・東茶屋街で筆者撮影）

新型コロナウイルス感染症の大流行で人びとが移動を制限されていた2020年、ドイツのメルケル首相（当時）は、東西ドイツに分裂していた時代に自らが受けた移動の制約をあげ、現代社会における「移動や行動の自由は苦労して勝ち取った権利」だと述べた（國分 2023）。移動できることは、私たちが豊かに、また自由に生きていくための条件でもある。

時代を遡ってみよう。土地を介して関係が築かれた封建社会では、移動が自由にできなかった。農業には土地、漁業には漁獲できる海面、狩猟するためには山野が必要で、特定の空間を持たないと生活が維持できなかった。第一次産業が中心の社会では、人びとの暮らしは特定の土地や空間と強く結びついていた。

しかし西欧の産業革命がこのしくみを変革する。生産に必要な手段は土地ではなくなり、代わりに工場などの生産設備が必要とされるようになった。生産設備は資本家たちによって用意され、多くの人びとは土地という生産財の所有から、ある意味で解放された。すると、より良い就労条件や働き場所を求め、人びとの移動が始まる。

特に1920年代以降は、大量生産システムの実現によって工場労働者の集団が生まれ、より多くの人びとが移動するようになっていった。現代社会の代表的な移動行動である観光もこの時期に拡大する。観光は余裕がある資産家が楽しむ活動から、仕事のストレスを解消する大衆の余暇活動に変化した（写真1-2）。大量の移動者を扱うためのツアーやパッケージ旅行もこの頃に始まっている。

日本では、封建制度だった江戸時代を経て、明治政府による移動の自由の確立が人びとの移動を後押しした。封建社会の身分制度が撤廃され、共通の利害を持ち、流動性も備えた「住民」が成立した（曽我 2019）。少なくとも制度的には、人びとは自由に移動できるようになった。戦後の日本国憲法にも、移動の自由は私たちの権利であると書かれている[1)]。

---

1）日本国憲法には、第22条第1項に「何人も、公共の福祉に反しない限り、居住、移転及び職業選択の自由を有する。」と書かれている。また大日本帝国憲法にも「日本臣民は法律の範囲内に於て居住及移転の自由を有す」とある。

写真1-2　1980年代の余暇活動の様子（石川県金沢市で敷田志郎撮影）

移動を制限されると、職業選択や居住に影響するからだ。

しかし実際にそれが拡大するのは、1950年代以降の高度経済成長期からである。1950年でもまだ第一次産業従事者が労働者全体の48.5%を占めていて、土地を離れにくかった。また、当時は商店主や事業者などの自営業者も多く、雇用者に比べて移動は少なかった。ところが1960年代からの20年間で第一次産業人口は急速に減少し、2015年には10分の1にまで減った。

高度経済成長期には、地方から都市への人口移動が始まった。中でも都市に出てきた多くの人びとは、土地の縛りから自由になった。その代わりに、彼らは都市の会社組織へ紐(ひも)付けられることになった。生活の本拠地は会社の勤務によって決められ、家族の都合はあまり考慮されずに転勤や異動が行われた。多くの人はそれに従い、夫の仕事に合わせて妻子が転居するのが当たり前だった。当時はまだ「仕方なく」や「求められて」の移動が多く、個人が主体的、自発的に移動する「移動前提社会」ではなかった。

地方から都市への移動は1970年代初めにピークを迎え、年間800万人ほどが移動した（曽我 2019）。多くが仕事のための移動である。都市化が進展し、現在の日本は90％以上の人びとが都市に居住する。また全人口の半分が、人口20万人以上の都市に住んでいる。

東京に代表される都市部は、アメニティや地域とのつながりを求めて移動する場所ではない。基本は仕事の獲得だ。東京圏への年間12万人あまりの移動（転入超過）のほとんどが15～29歳の若年層である（梅屋2018）。大学進学を除けば、仕事を求めて地方から上京していると理解することが自然だろう。全国の生産年齢人口の11.4％が東京に集中している。都市部は価値を生み出すために有利な条件や環境を手に入れたい人びとが集まる場所だ。

人びとは生産手段としての土地から解放されると同時に、生産手段や居住場所としての土地を管理することからも解放された。都市部は自然災害からも限りなく安全で、コンビニエンスストアがあれば生活していける。人びとは地域社会における過度なつながりや上下関係からの解放を求め、都市部に集中した。地方から移動してきた彼らが求めたのは、生活と職場が分離でき、公と私が区別できる環境だった。都市はその要望に応えることができた。

一方1970年代以降は、都市への人口集中によって都市環境や住環境の悪化などの都市問題が拡大した。急激な都市化は人びとの住環境を悪化させ、仕事を優先して都市に住めば、安心で幸せな生活が手に入るというわけにはいかなくなった。そのため自然が豊かな地方への関心が高まった。都市への人びとの移動は、一部で反転し始めた。

1970～80年代には団塊世代の多数が地方移住を試み、都市部で失われた暮らしの回復など、人と人のつながりや生き方の回復をめざした（松永 2016）。彼らは地域とのつながりや憧れの暮らしを求め、自分たちの理想に沿った暮らしの実現を地方、田舎に求めていた（写真1-3）。

さらに1990年代以降になると、生産活動に関係なく移動し、移住する人びとが現れた。たとえば、長野県が1980年代の末から始めた「Iターン」移住は、1990年代に定着し、2000年代に移住者が増加した。須藤（2012）はそれを「新しい移住」ととらえて紹介している。山田

写真1-3　田園回帰先としての長野県の魅力は自然環境（長野県・上高地で筆者撮影）

(2011) も、農村移住者には何らかの課題を解決しようとする移住者ではなく、豊かな暮らしを求める「暮らし追求型」がいることを指摘した。さらに「ライフスタイル移住」(小原 2019) や「アメニティ移住」(Moss 2006) など、自分の理想の生活の実現や、趣味や自己実現のための移住も報告されるようになっていった。

2014年頃からは「田園回帰」も受け入れられ始め、東日本大震災による都市回避や政府の移住促進策がこれを後押ししている (作野 2016)。こうした都市部から田舎への移動は、それまでの田舎から都市部への移動とは方向が逆で、都市住民が非都市部に移動する流れをつくっていく。それは仕事に有利な都市部への移動から、仕事と切り離して移動する人びとがいることを示していた。

このように、移動が生産や雇用、つまり仕事とリンクして正当化されていた時代から、より良い生活条件や自分の理想実現のために移動する時代へと移行していく。その結果、人びとは移動するかしないかを、自分だけで決めるようになった。定住地からの逃避や逸脱ではなく、移動先に自分たちの理想を求めたり、その実現のために移動したりできる、自由な移動の誕生である。それは国民国家の弱体化、つまり国の政策や制度によって移動が誘導や管理されることからの解放であり、移動は定住地からの逸脱ではなくなった(伊豫谷 2021)。

2010年代以降は、インターネットやAI、ロボット技術の進歩によってさらにこの傾向が進みつつある。生産手段はパソコンやスマートフォンに代替され、移動先からでも生産活動が行えるようになった。世界を旅しながらオンラインで仕事を進めるデジタルノマド(Lutz 2017)の誕生である。彼らは移動先でも、本拠地にいるのと同様に、親しい仲間や友人とのコミュニケーションをSNSやアプリでとっている。移動先でも孤立感はない。

しかし、それは移動先で「縁がない存在」としての移動者を生み出すことにもつながった。縁がないので、移動者と地域で移動しない人びとはかかわりが生じない。現代社会における「無縁」とは、地域内に縁を求めず、地域外との多様な縁をネット上に持つ(と信じる)移動者によって構成されている。

こうした移動にまつわるさまざまな変化を見据えたうえで、本書では、移動は自由だという立場を支持した。誰もが移動者になる可能性を指摘し、移動者と移動先の人びとが相互にリスペクトできる社会が望ましいと考えている。また、移動先で出会う人びととは関係がない、つまり無縁なのではなく、移動することが縁を紡ぎ出すという立場をとった。

このような立場を前提にすれば、移動者同士、移動者と受け入れる地域の人びとのお互いのリスペクトを前提に、人びとの出会い、移動縁から新たな価値を生み出すこともできる。もちろん、そのためにクリアしなければならない課題は多く、課題解決のための知恵も必要だ。まずはそこから見ていこう。

### (3) 本書で取り扱う移動

ここまで繰り返し「移動」という言葉を使ってきたが、ここで本書が取り扱う「移動」について改めて考えてみたい。国語辞典で説明されているように、移動とは「人や物が存在する位置が、ある特定の場所から

表1-1　移動の分類

| 移動のタイプ | | 頻度 | 繰り返し | 具体例やそれを表す言葉 |
|---|---|---|---|---|
| タイプ1 | 日常生活圏の中での移動 | 高い | 繰り返す | 通勤や通学、散歩、スポーツ、レクリエーションのための移動、近隣散策 |
| タイプ2 | 日常から非日常生活圏への環流する移動 | 中位 | 繰り返すことができる | 観光、二地域居住、友人知人訪問、出稼ぎ、短期留学、長期滞在 |
| タイプ3 | 日常から非日常生活圏へのワンウェイの移動 | 低い | 繰り返さない | 移住や移民、転勤、転居、Iターン |

(出典) 敷田 (2023) から転載

他の場所へ変わること」である。そのため、部屋の中で動くことも移動であるし、飛行機で海外に行くこと、果ては月や火星に行くこともすべて移動となる。私たちは至近距離の移動から遠方まで、さまざまな移動を組み合わせて生活している。こうした移動を分類したのが表1-1である。

移動は、日常生活圏内での移動か、それ以遠かという区分と、移動を繰り返すか否かという基準で分類できる（表1-1)。まず①散歩などの日常生活圏での近隣の移動（タイプ1)、そして②繰り返し移動することもできる観光や出張（タイプ2)、さらに③生活の本拠地自体を動かしてしまう移住（タイプ3）である。本書で主に取り扱うのは、本拠地への環流があるかワンウェイかにかかわらず、日常生活圏から非日常生活圏への移動である。

しかし移動手段が発達した現代は、地球の反対側の土地であっても、航空機で頻繁に往来できる。また、インターネットのアバターやメタバースなどの仮想空間を使って自分の分身を動かすことで、あたかも移動しているような体験も可能になった。移動はますます多様になっているが、それでも繰り返しがあるかどうかと、本拠地とする日常生活圏を越えるかどうかは重要な視点だ。

### (4) 移動による社会の分断と包摂

私たちは職場や学校に行くときも、旅行に出かけるときも、移動しなければならない。移動することは仕事や余暇の区別に関係なく、現代社会で個人の生活を充実させるための条件となっている。移動できることが社会的な豊かさを象徴し、移動が眩しい光を放つ時代である。

実際少し前までは、移動しない人びとが多数派を占める定住を前提としていた時代だった。そのときは定住していない人、移動する人びとを私たちは「よそ者」と呼んで、厄介者扱いしてきた。しかし現在のよそ者は、かつての流れ者や放浪者というイメージから脱しつつある。現代社会では、交流人口や関係人口、地域おこし協力隊[2)]、リモートワーカー、デジタルノマド、二地域居住者、長期滞在者、地方移住者などの名前が付けられた「移動者」がメディアにも頻繁に登場し、彼らは人びとの憧れとなっている。私たちの社会は自ら好んで移動する、ノマド的、流動的な「移動する人びと」を肯定的に評価するようになってきている。ノマドは最近急速に市民権を得てきたといえるだろう。

しかし、移動前提社会には異なるグループも存在する。それは、本拠地を維持して日常生活圏内の移動で済ませる表1-1のタイプ1の人びとと、本拠地にこだわらずに、自由に移動し、移動先を日常生活圏にしてしまうタイプ3の人びとの区分である。私たちは前者を「地域の人びと」、後者を「よそ者」と区別してきた。

前者の地域の人びとは、生活や仕事のために日常生活圏内を移動する。移動前提社会で一か所に定住するためには、生活の維持のために本拠地から職場や学校へ通勤や通学する移動を「ライフライン」として必要とする。自分が生産設備を持たない代わりに、生産設備があるところに移動して生産活動に従事するために、自分で自動車を所有したり、地域の公共交通を利用したりして、移動手段を確保しなければならない。できれば移動はしたくない、移動を最小限ですませたい、身近な場所で仕事や買い物をしたいと望むのは、地域に定着している人びとである。

一方、本拠地にこだわらずに移動前提社会を生きる人びとは、生産手

2) 地域おこし協力隊については、第4章第3節の説明を参照のこと。

段であるパソコンやスマートフォンを自由に持ち運べるか、移動のために生産手段を簡単に処分・調達できる、または遠隔にある生産手段とインターネットを介してつながれる人びとである。移動前提社会では、自分の仕事や生活がしやすい便利な場所に移動してしまえばよいのである。もちろん移動が前提とはいえ、必ず移動しなければならないということではない。

この両者、タイプ1の日常生活圏内での移動を基本にして生活する地域の人びとと、よそ者であるタイプ3の移動者は、移動に対しての考え方が異なる。それは、不動点である本拠地をなるべく動かさない地域の人びとか、不動点がなく、本拠地自体も動かしてしまう移動者かの違いである。

今までこの両者は、動けない人と動ける人に二分されて、ともすれば立場が異なり、利害も対立するとされてきた。しかし本当にそうだろうか。本書では、移動することに関して両者は平等で、本拠地を持つか持たないかの違いにしか過ぎないと考えている。

それに加えて、現代社会は一生移動しなくてすむ社会ではない。高齢者になった場合、意にそぐわない移動もあり得る。たとえば、加齢により身体が不自由になったとき、一人暮らしが維持できずに、定住していた土地から離れた介護施設に移動することはよくある。以前は、自宅で家族に介護してもらい人生の終末を待つことができたが、今は違う。

ハンディキャップがある人びとについても同じことがいえる。自宅にいてすべての環境やつながりは手に入らない。限られた社会関係になったり、十分な介護や社会サービスを受けたりするために、また積極的に誰かとコミュニケーションをとるために、自宅から移動しなければならないことは多い。

ただし、移動に障害がある人や条件不利地に住んでいる人に対して、そこから移動して便利な場所に居住するのが合理的だという主張は暴論に近い。人が本拠地を維持することは、その土地と人がかかわりを持つ場合には尊重されなければならない。また移動者が、就業のためではなく自由に移動することと同じく、移動しない人びとも、地域とのかかわりや生業と関係なく、ある土地に住み続けることも容認される必要がある。移動前提社会では、移動する自由と共に、「移動しない自由」も尊重されなければならない。それが豊かな社会である。

移動前提社会では、移動する人、つまり移動者は自由に移動し、その理由を聞かれることもない。それは移動が特別なことではなくなった社会であり、本拠地があることではなく、移動ができることが生産（仕事）と消費（余暇）の基盤になった社会である。移動できる権利は、それが当たり前、つまり権利になったときに認識されなくなる。しかし、そのような社会は「移動しないこと」を認める社会でもある。また移動できない人びとにも移動を提供できる社会である。移動に対する多様な考えを「包摂」することが求められている。

### ⑸ 移動前提社会のパワーバランス

移動前提社会に至る前の社会では、生産基盤と人びとがつながっていた。そして生産を進めるために地域の密な人間関係があった。定住者にしか資源の所有は認められておらず、地域の生産システムは地域の定住者が管理・所有し、よそ者である移動者には関与する余地がなかった。地域で仕事をしようにも、基盤となる土地利用や水利に関与できず、せいぜい開発された別荘地に遠慮しながら入り込むことしかできなかった。それは個人間の結びつきが強い閉鎖的な地縁社会でもあった。

しかし、こうした地域は1960年代以降急速に変容する。日本社会が1960～70年代にかけてのおよそ10年間続いた人口大移動期を経験したからだ。年間800万人が移動した1970年代初頭がそのピークであった。人びとの移動は、主に地方の地域から都市部に向かった。都市部への人口の大量移動は、都市化によって住民意識を変え、同時に人口の増減が自治体の関心の中心になっていく。一方、地方の地域では過疎化が進み、並行して進んだ高齢化によって、社会や経済が衰退、やがては縮小する地域が増えた（NHKスペシャル取材班（2017）ほか多数）。もちろんこれは地方だけではない。大都市以外の地方中核都市でも、人口減少や中心市街地の衰退にあえぐところが出てきた。

移動者を受け入れる地域側は、過疎や高齢化の進行、三位一体改革による地方行財政改革を経験しながらも、2000年代までは地域社会を維持してきた。地域の衰退が起きてもそれが維持できたのは、政府からの手厚い支援のおかげである。地域の基幹産業だった農業生産を支えるために、多額の財政支出が行われていた。

しかし、こうした対策にもかかわらず地域社会は疲弊し、衰退が目立ち始めた。そこで進行したのは、地域関係者の強い結びつきで維持されてきた「地域社会」の衰退である。その結果、地域は閉鎖的だが、人びとが都市へ出ていったので、結びつきが弱まった（そもそも結びつく相手がいない）閉塞的な衰退社会を生み出していった。

都市に移動せず地域に残った団塊世代の人びと、特に「地域リーダー」と呼ばれる中高年の男性が社会で存在感を増した結果、地域に残った若年層、特に女性たちがより閉塞感を感じる原因となっている。自分の「ふるさと」にUターンしたくない理由として、出身地の「男性支配」をあげる若年女性は珍しくない。都市部からの移住者は、封建的ともいえる地域社会に戸惑うことがある。

たとえば、2023年1月に福井県池田町の広報誌『いけだ』に掲載された「池田暮らしの七か条」は、メディアでも紹介され話題になった。この中に、「都会暮らしを地域に押し付けないこと」という表現がある。田舎で暮らす側の思いが込められた内容だが、都市住民や移住者から見ると奇異に感じる表現が含まれ、抵抗がある内容だった。そこには確実にギャップがある。池田町の「ルール」の例は、地域の人びとにとっては正当なリクエストであっても、「田舎の圧力」が嫌で都市に移動した人びとから見れば、移動者へのリスペクトを欠いた対応と映る。

現在はさらにこの状態が進行し、一部の地域では閉塞感すらなくなっている。それは過疎と高齢化によって、前述した地域リーダーすら存在せず、移動者に対峙することができなくなった状態である。ある意味で、地域がスポンジのようにスカスカになり、至るところに移動者が介入する余地が出てきた状態だ。それが移動者と、受け入れる地方の「パワーバランス」を変化させた。衰退した地域社会には、移動者が入り込める余地が生じた。

それまで移動者に対して、受け入れ側として「君臨」してきた地方の地域は、お願いして来てもらう側にまわった。移動者が来ても地域のルールや慣習の遵守を求めることはできず、地域資源も地域側で使っていないので移動者がほぼ自由に使えるようになった。自由はよいのだが、ときに地域側の人びとにはそれが「傍若無人」と映ることもある。前述した池田町の例は、以前の地域社会の優位性を失われたことへの地域の人びとの不満が噴出した例とみることもできる。

では都市の側はどうか。移動者中心の社会である都市部では「アトム化」と呼ばれる個人化が進み、自己の存在基盤を見失うとともに、他者に興味や関心がない人びと（大衆）が増加した社会となった（姜 2006）。人びとは、見失った存在基盤を都市の中の暮らしではなく、田舎に残る自然環境やアメニティを求めた理想的な田園生活や、地方衰退社会の一部に残るつながりやコミュニティに求めた。

そこに本書が提唱する移動前提社会が生まれる可能性がある。それは今までのように、地域側が移動者を一方的に受け入れるのではなく、また移動者が勝手に活動するだけでもない、双方が協働する新たな平衡状態だ。いわば移動前提社会の新たなパワーバランスである。

### (6) 移動前提社会と移動縁

私たちは「移動前提社会」にいると述べたが、本書で主張する移動前提社会とは、定住する本拠地がないと生活や仕事が成り立たない社会ではなく、定住地がなくても移動する基盤があれば生活していける社会である。移動が生きていくための基盤となり、社会システムも移動を前提としてつくられる社会である。当然、仕事も余暇も移動先の空間で行われている。

移動前提社会での移動には、前述したように、日常生活圏内の「小移動」と、日常生活圏から非日常生活圏への「大移動」の両方が含まれている。そして、今までの社会で「なぜ本拠地が必要か」が問われないのと同様に、「なぜ移動するのか」についても問われない、移動は意識されることすらない所与の権利となっている。

以前は移動者が「よそ者」と呼ばれ、歓迎されないことも多かった。そのため移動者は日常に戻るか、よそ者と呼ばれずにすむようどこかの地域に定着することをめざしていた。どちらにしても生活の本拠地が重要であった。しかし現代は、移動が常態化している。私たちは移動することで新たな関係を築き、価値を生み出せないかと考えるようになった(写真1-4)。

それは移動がつくり出す新たな縁、「移動縁」である。移動縁は、今までの地縁や血縁でもなく、また職場や学校などの社会生活で得られる社会縁でもない、移動者が持つ縁、他者との出会いやかかわりだ。移動縁は地縁や血縁と違い、生まれたときから決まっていたり、変えられなかったりするものではない。また、趣味縁(浅野 2011；加藤 2017)などとも違い、共通する何かがあるのでもない。

**写真1-4　移動先で出会いと体験を楽しむ人びと** (長野県で筆者撮影)

今までは移住する側も受け入れる地域側も「定住が終着点」だと考え、土地への定着にこだわってきた。しかし、現在は自分が好んで生活の本拠地を自由に変えられるようになった。自ら移動して新しい地域になじもうとする移動者も多い。そして、ある地域に定着したり、落ち着いたりすることで、その人は移動者ではなくなる。定着せずに再び移動する人びともいるが、移住者のように、多くは一定時間ある地域に落ち着こうとする。移動を経て落ち着いた場所、つまり移住先には、地域社会と呼ばれるコミュニティがある。

移動者がそこに影響を与える。移動しても内容物が変わらないモノの移動とは異なり、移動者は移動によって考え方や行動が変わることが多い。移住したら自分の考えやライフスタイルが変わったという人は多くいる。その一方で、移動先の社会も移動者の影響を受ける。そして、今までのコミュニティ内の関係とは違う関係性が生じたり、そこから新しいつながりが生まれたりもする。こうした理由から、本書では移動者と移動者を受け入れる地域社会で生ずる移動縁に注目した。

定着をめざして移動する、または一時的であっても地域に定着する人びとについて考えることは、移動が基本の現代社会にとって重要なテーマだ。移動を重視し始めた社会だからこそ、それを通じた移動縁について考えることは大切である。

## 2. よそ者とつくる社会

### ⑴ よそ者とは何か

以前は移動者が「よそ者」と呼ばれ、歓迎されないことも多かったと述べた。よそ者とは何を指し、どのような性質を持った人びとなのか。

私たちがよそ者と呼ぶときには「自分たちとは異質な存在」を指していることが多く、主に地域や組織の外から来た人びとを指している。しかし、よそ者についての誤解はここから始まる。よそ者は、外の人だと認識しがちだが、実際は「外から中に入ってきた存在」を指している。

地域や組織の外にいる、認識すらできない存在はよそ者ではなく、自分たちにとって関係のない遠い存在に過ぎない。逆に、内部にいるが素性がよくわからない存在がよそ者である。よそ者として認識されたときには、すでによそ者は地域とかかわりを持つ、ある意味で地域内の存在となっている。

彼らは地域の秩序を攪乱（かくらん）するが、一方で秩序の維持のために役立つこともある矛盾した存在であり、近年は「他者」という表現に言い換えられてきた（田中 2016)。外国語では「ストレンジャー」や「アウトサイダー」「ノマド」「ボヘミアン」「バガボンド」「ホーボー」など、どこかで聞いたことのある呼び名が並ぶ。日本語でも「旅の人」や「風の人」「流れ者」「異邦人」「異人」「まれびと」という言葉を聞いたことがある人は多いはずだ。これだけ多くの呼び名があるということは、身近にいる存在だと考えてもよいのではないだろうか[3)]。

さらに、外から地域に入ってきただけではよそ者にはならない。よそ者にとって重要なのは、「地域外に出ていくことができる」という条件だ。正確に定義すれば、地域に来たが、また出ていってしまうオプションを残しているのがよそ者である。地域外に出ていくという選択肢は「いざとなったら逃げればよい」ということで、よそ者の自由度を上げてくれる。そのため、よそ者は地域や組織にない視点で自由に発想できる。それは「他者のまなざし」と言われてきた。地域内の人びととは違う視点で考えることである。

よそ者は地域をまなざすだけではなく、地域の政治を含め、地域利害から自由な存在だ。福井県美浜町の祭礼や地域芸能の維持を考察した橋本（2018）は、内部の人びととは異なる存在でありながら、同時に当事者性も持つのがよそ者だと述べている[4)]。矛盾するようだが、それこそ

---

3）よそ者については、山口（1974；2003）や赤坂（1992；1995；2002)、小松（1995）などの優れた先行研究がある。また地域再生にかかわるよそ者に関しても、継続的に研究が発表されてきた（たとえば、松村（1999)、樋田（2020)、敷田（2022）など)。

4）橋本（2018）は、傷口を蛆（うじ）に食べさせて治す「マゴットセラピー」に例えてよそ者の役割を説明している。蛆は正常な組織を食べずに傷だけを治す習性がある。

がよそ者をよそ者たらしめているしくみである。よそ者とは「地域や組織に一時的に帰属しながら、その内部にいる住民などの関係者とは異なる文化を持ち、内部のシステムに従いながらも、離脱や逸脱をする可能性を持つ存在」である（敷田 2009）。

地域の利害から自由であることが、よそ者の自由な行動を可能にする。地域に長く住む人びとは、毎日の繰り返しの日常を当たり前と思い込み、無意識に地域のルールに従っている。しかし、よそ者はそれを無視したり否定したりして、いわば「ルール破り」をすることができる。地域の人びともそれを見て、地域の常識が絶対ではなかったと気づくこともある。つまり「裸の王様」を指摘した無邪気な子どものように、よそ者による素直な指摘が、地域の常識を再考する機会をつくり出す。これは、道化としておかしな行動をすることで見ている者に思わぬ気づきをもたらす、セルバンテスの「ドン＝キホーテ」の行動にも例えられる。関係人口や移住者を歓迎する動きには、よそ者の持つこうした異質性への期待が含まれる。それは、彼らが閉塞した現状を変えてくれることへの期待でもある。

### ⑵ よそ者は一様ではない

移動してきた人びとは、観光客から移住者まで一括りにされて「よそ者」呼ばわりされる。彼らは地域にとって新参者であり、長く住んでいる定住者に対して遠慮や疎外感を持っている。それは同時に、よそ者の「存在の証し」ともなる。よそ者がとっぴな発言や型破りな行動をするのは、地域の常識やルールから逸脱する行動で存在意義を示しているからだ。彼らは地域の人びととの違いを自ら意識していることが多い。その違いこそ、よそ者の持つ「よそ者性」である。

ところが、移動してきた人びとであるよそ者は一様ではない。私たちはよそ者を一括りにしてしまいがちだが、よそ者性にも差異があるのだ。ここでは地域の人びととよそ者の違いと、よそ者たちのよそ者性の違いを明らかにしておきたい。

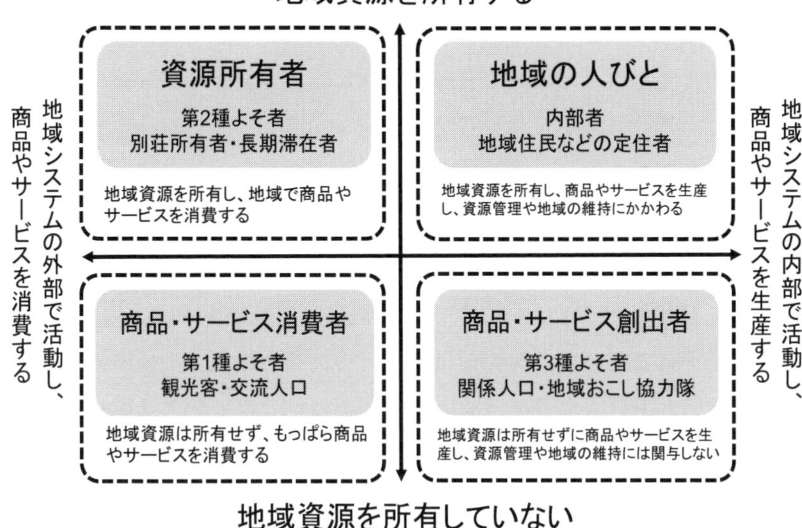


図1-1　地域側から見たよそ者性の違い

注）敷田（2022）から転載し、一部改変

その違いは、図1-1に示すように、地域資源[5)]の所有の有無と商品やサービスに関する消費・生産関係で整理できる（敷田 2022）。よそ者は、①地域資源を所有せず、もっぱら地域で商品やサービスを消費する「第1種よそ者」、②地域資源を所有し、商品やサービスを消費する「第2種よそ者」、③商品・サービスを生産する「第3種よそ者」の3タイプに分けることができる。3タイプのよそ者の中で最もよそ者性が強い、つまり「よそ者らしいよそ者」は第1種である。その代表は、消費だけして地域を通り過ぎる観光客だ。次によそ者性が強いのは第2種で、地域に資源だけ所有して生産しない別荘所有者のような人びとである。第3種はよそ者性が弱く、地域で生産活動はするが、資源は持たない関係人口のような人びとである。ただし、これはあくまで地域の人びとから見

5）ここでの「地域資源」とは、地域外へ移出しにくく、資源を切り出して個別に消費できない、市場で取り引きされることが少ない資源であり、その多くは地域の共有資源である。

た場合の強弱だ。

一方、地域の人びとはどこに位置づけられるかというと、図1-1の右上に位置する。彼らは地域で資源を所有し、かつ商品やサービスの生産を行っている。結果的に地域資源を所有や共有し、その維持や管理にかかわっている人びとである。

### (3) 地域内よそ者という存在

前項で分類した3タイプのよそ者はすべて「外から中に入ってくる」ことを前提にしていた。実際、ほとんどのよそ者は地域や組織の外からやって来るし、私たちもそう思い込んでいる。しかし、よそ者は「異質な他者の視点」を持っていることでよそ者として認識される。このように考えると、地域外からよそ者が来るというのは私たちの思い込みに過ぎない。

菊地（1999）は、地域に定住している住民が、よそ者と同じ視点を持つことができると指摘している。こうした存在は、敷田（2009）によって「地域内よそ者」と名付けられた[6)]。樋田（2015）も島根県隠岐島をはじめとする中山間地域で、Uターン者が地域内よそ者になっていることを指摘している。地域内よそ者はいったん地域を出ることで外部者の視点を持ったり、地域内にいながら外部者と交流して「他者の視点」を持ったりできた地域の人びとである。彼らは何らかの学習や経験を通して、地域のしがらみや常識を乗り越えていく力や視点を身につけてきた。

しかし、よそ者と同じ視点を持つ「地域内よそ者」は、必ずしも一度地域を出て戻ってきた存在に限定されるわけではない。また、一度地域を出て他地域からUターンした者がすべからく「地域内よそ者」となるわけでもない。樋田（2020）は地域内よそ者を、単にUターンした者ではなく、地域外での経験に由来する強みを持った存在であり、ハイブ

---

6）同様な分析はほかにもあり、平井（2017）は地域に根ざしながら外の視点を持つ人たちを「半よそ者」だと述べている。

リッドな立場だと述べている。確かにUターン者全員が、そのまま地域内よそ者になるわけではない。その中の一部で、地域外で得た経験をもとにした「異質性」を維持できた存在だけが地域内よそ者に変容する。

地域内よそ者とは、地域にいながら他者の視点を持てる、地域内にいながら「越境」できた存在でもある。それは、地域外からやって来るよそ者よりも身近な存在である。地域の内部によそ者がいるのなら、無理に地域外から来るよそ者に期待しなくてもよいのではないか。「自分たちの地域を変えてくれるよそ者がなかなか来ない」と嘆くよりも、近くにいる地域内よそ者を探すべきである。

### ⑷「よそ者効果」への期待

今でこそ評価が二分しているものの、これまでよそ者は歓迎されない厄介者であることが多かった。もともと地域に帰属しないことから生ずる批判的意味を込めて使用されてきた言葉である。たとえば「無縁社会」がネガティブな意味で使われていたように、縁やつながりがないよそ者は否定的な意味をもつとされてきた（中森 2017）。

一方で、網野（1996）によるよそ者（無縁）に対する好意的な見方のように、地域や組織に帰属しないよそ者の自由さを評価する意見もあった。また鬼頭（1998）は、地域に新たな視点をもたらす存在としてよそ者が重要な意味をもつと主張した。「よそ者・ばか者・若者」という表現が地域再生で多用されたように、現在は地域おこし協力隊や地方移住など、その地域と縁がなかったよそ者を肯定的にとらえるようになっている。

さらには2016年頃から、観光客でも定住者でもない曖昧な存在である「関係人口」が登場すると、彼らは地域外から地域に関与するよそ者として好意的にとらえられた（田中 2021）。よそ者に対して警戒した時期やネガティブな感情があった時代もあるが、現在はよそ者による好ましい変化（それはほとんどの場合、何らかのメリットがあることだが）を多くの地域は期待している。それが、関係人口を生み出した時代の空気である。

こうしたよそ者に期待されるのは、地域課題の解決である。それは、ファシリテーターとしてのよそ者であったり、ドン＝キホーテのように、一見滑稽な行動が地域側の気づきを惹起（じゃっき）し、地域社会の閉鎖性を変化させたりする存在だ。それだけではなく、住民同士の関係に立ち入ることで、硬直した地域内の関係を変革する役割や、新たな解決策につながる知識を持ち込むよそ者も見出せる。

よそ者の役割や効果は、①技術や知識の地域への移転、②地域の持つ創造性の惹起や励起、③地域の持つ知識の表出を支援、④地域（や組織）の変容の促進、⑤しがらみのない立場からの問題解決の５つに整理できる（敷田 2009）。これらがいわゆる「よそ者効果」である。実際によそ者を活用できた地域では、上記の①から⑤の効果が複合的に生じている。

ただし上記のような効果が生ずる際には、よそ者が地域の内部と外部を仲介する役割を持つことが重要だということもわかってきた。よそ者は地域外に人脈を持っており、地域の人びとと地域外の人びとを結びつけることができる。よく「○○にパイプがある」と言われるように、地域外の広い人脈を含む資源につながりがある彼らは、地域の人びとの外部へのネットワークを拡張することができる。このネットワークを通じて、上記の①技術や知識の地域への移転が促進される。

この点に関して、島根県の隠岐諸島にある海士町では、島外から来たサポーターが島の内外の連携を促進している（谷 2009）。また地域外の人に対してオープンな徳島県神山町には、多様なよそ者がリモートワークや移住でやって来る。地域内よそ者の活動で、地域内外の関係が連続して強化されることが認められている（神田 2018）。いずれも地域内外の関係性の構築がベースになって生まれるよそ者効果である。

こういった効果を自分たちのところでも、と望む地域があるとしたら、来訪したよそ者を地域側が放置したままで、一方的によそ者に効力の発現を期待するのは虫がいい考えだ。そうではなく、よそ者と連携しつつ自分たちも変容することが不可欠で、「来ることに期待する」「来てもらえればよい」から、「来てどのような関係を地域との間で形成するか」

を重視すべきである。それは同時に「移動縁を育てる」ことでもある。

### (5) よそ者効果の限界を知る

関係人口への期待も含めて、よそ者効果を賛美し、期待する論調は多い。たとえば、「よそ者がいたからうまくいった」や「よそ者が地域にないものを持ち込んだ」などである。いずれも、よそ者であること自体を重視する「よそ者肯定論」であり、とにかくよそ者に期待しようという理屈である。

しかし、よそ者効果は現在までのところ、科学的に検証されてはいない。医薬品でよく言われる「プラシーボ効果」のような心理的なものから、後付けの説明で「よそ者がいたから成功した」まで、とにかく経験則と成功事例の提示が多い。因果関係もはっきりせず、効くメカニズムも解明されていない、あいまいな存在である。

また、地域側にとっては効果があるから安心というわけでもない。その理由は、よそ者が効果と同時に軋轢(あつれき)ももたらすからである。よそ者によって生ずるのは好ましい変化だけではない。それまでの地域の安定を脅かすこともある。良い変化もあるがリスクもあり、使い方が難しいのがよそ者だ。新技術のイノベーションによって社会は豊かになるが、その技術によって市場から退場を余儀なくされる企業も生ずるのと似ている。

有名な童話「ハーメルンの笛吹き男」を思い出してほしい。最初は良かったが、住民側が約束を破ったことで笛吹き男は報復に出た。よそ者と地域側は、ある意味で相互に敬意と緊張感を持って付き合う方が良い。正と負の影響をもたらすよそ者は、矛盾を孕(はら)んだ「自家撞着(じかどうちゃく)的な存在」[7]である。

私たちはコミュニティの秩序維持のために、いろいろなルールをつくる（写真1-5）。それは一見、窮屈に感じるが、所属する人びと同士のト

---

7) 自家撞着とは「公然の秘密」のように自己矛盾する2つの意味を持つ状態を指す。

写真1-5 「地元の人」と表記しているルールの掲示（長野県・野沢温泉で筆者撮影）

ラブルを防ぎ、関係性の安定に役立っていることも多い。またルールではなく、お互いが信頼関係で結ばれることで秩序を維持しているコミュニティもある。こちらは逆に相互関係が強まることで「しがらみ」も生じる。コミュニティの中では、それぞれに求められる役割があり、それに応ずる義務が発生する。地域とはそんな場所だ。

前述した福井県池田町の広報誌に掲載された「池田暮らしの七か条」は、田舎で暮らすための基本が書かれているだけなのだが、都市住民や移住者にとっては、地域の人びとが外部に対して地域のしがらみを押し付けているように見えている。

地域外から来たよそ者は、もともと所属していたコミュニティが持つ「縛り」から自由になりたいと思って移動してくる。ある意味で規範やしがらみからの「逃避者」である。また自分が入り込んだ地域社会の持つルールや常識から逸脱することで、つまりその差異を強調することで、よそ者は自らの存在を際立たせている。よそ者の利点と欠点は表裏一体だ。

こうした「文化の差異」をお互いが楽しむ余裕があればよいが、ともすれば互いの違いに敏感になり過ぎて、批判がエスカレートしたりもする。差異は、時として軋轢にもなる。だからといって相互に無視する間柄ではなく、「ときには喧嘩（けんか）もできる関係」が望ましい。

重要なことは、よそ者効果が「地域側とよそ者との相互関係で決定される」ことである。よそ者が好ましい効果をもたらすには、地域との関係の中で持つ（持たされる）特性、「よそ者性」を相互が活用する必要がある。よそ者性とは、地域との関係で決定される。それは競合ではなく、創発や共創をめざす相互変容への期待である。

敷田・末永（2003）は、よそ者が地域住民と協働することを新たな知識創造[8)]ととらえてモデル化した。これは、外部から知識を持ったよそ者が参加することで、内部の選択肢が豊潤化されるモデルである。つまり、よそ者も含めて、地域のシステム全体が変化することを示唆している。

少子高齢化と人口減少で将来に不安を感じている地域は多い。そこへよそ者が現れれば、「何らかの変化を起こしてくれるのではないか」と期待するのは無理もない。しかし、よそ者に任せておけば安心などということはなく、地域再生のためには地域側の創意工夫が依然として必要である。関係人口や移住者としてよそ者が地域に来ることで、地域側の自助だけに頼る必要はなくなった。しかし、地域の主体的な考えや行動なくして地域はよくならないことに変わりはない。

## 3. 関係人口とその先の社会

### (1) たどり着いたのは関係人口

2016年は「関係人口」が開花した年である。関係人口は、その名の通り地域に関係する人びとで、観光客でも定住者でもないあいまいな存在のことだ。田中（2017）は移住の重要性を認めつつ、移住を終着点としない、関与から価値を生み出す関係を「関係人口」だとしている。現

8) この場合の「知識創造」とは、野中・竹内（1996）が述べるように、暗黙知と形式知の変換によって新しい知識を生み出し、実践に活用することを指す。

在では総務省の政策推進もあり、「関係人口の増加」が自治体の政策としても取り入れられている[9]。田中が関係人口をよそ者だと主張したのは、地域に定住していないからである。敷田（2009）が提示したよそ者効果を参照して、関係人口が地域にとっての「新たなよそ者像」であると結論づけている。

関係人口を議論する前に、1980年代から90年代にかけて注目された「交流人口」にも触れておきたい。交流人口は現在も各地の観光振興で使われている用語で、その名の通り交流する人口のことを指す。もともとは地域を訪れた人びとが地域住民とかかわる中で、あたかも住民のように振る舞うことを指していた。彼らは、訪問の際のレクリエーションや体験活動を通して、地域住民との「ふれあい」を求めていた。地域側もまた、正式ではないが住民登録をするなど、擬似的な住民になってもらうことをめざしてきた。たとえば、1990年代に石川県尾口村（現白山市）では「Eメール村民」として、メールを介した関係維持を掲げていた。

しかし交流人口は地域のよい面ばかりを見せ、また見ることで成り立つ、いわば「できすぎた関係」であった。交流人口の受け入れは、やがて「交流疲れ」ともいうべき停滞期を迎える。余暇活動としてもっぱら遊びに来ている交流人口と、毎回それを相手にする地域住民では立場が異なる。田中（2021）は、それを「対等な関係ではなかったからだ」と批判している。やがて「負荷が多い密接な交流はもうごめんだ」とする風潮が広がり、個人旅行が中心になった2000年代になると、地域住民との「ふれあい」を求めて大勢で押しかける交流人口は縮小した。

それ以降、交流人口は別の意味をもつことになった。観光客である。遅まきながら地域の人口減少に気づいた自治体では、観光客を「地域で買い物をする消費者」とみて、観光客が増えれば地域経済にとってプラ

9)「関係人口」の始まりについては、作野（2019）に整理されている。作野によれば、高橋（2016）『都市と地方をかきまぜる』などが、2016年から次々に関係人口に言及し始めた。

写真1-6　観光地での楽しい買い物は消費を通して地域経済に貢献
（福井県・熊川宿で筆者撮影）

スになると主張し始めた。これには、まったく根拠がないわけではない。住民1人が1年間に地域で消費する金額は127万円と推定されている[10)]。それを何人かの観光客の消費で賄う計算である（写真1-6）。

以上のような経過があってたどり着いたのが「関係人口」論である。交流人口の失敗の反省から、単に消費者として来訪者をみるのではなく、つまり関係から「消費」を生み出すのではなく、「価値」を生み出そうということや、地域と関係人口が可能な限り対等であることを意識している。

### ⑵ 移住の限界×交流人口の不透明性＝関係人口への期待

2016年に相次いで出版された高橋（2016）の『都市と地方をかきまぜる』と、指出（2016）による『ぼくらは地方で幸せを見つける』は、関係人口について言及している。その後、田中（2021）の『関係人口の社会学』が出版される頃には、関係人口はすっかり地域再生の現場に定着

10）観光庁資料

した。並行して、総務省や地方自治体による、関係人口を「増加させる」政策の推進や関係人口の獲得目標の提示が行われてきた。

新型コロナウイルス感染症の大流行などによる劇的な社会変化があったとはいえ、わずか数年でこの変化が起きた背景には何があるのだろうか。そこには人口が減少し、「あなたの街は消滅可能性都市だ」と地域外から指摘されることへの恐れと、どれだけ来訪するかわからない観光客の増加に頼る心許ない地域再生への不信、移住政策推進の困難が絡み合っていた。順に見ていこう。

2010年代、地方移住は徐々に注目され始め、マスコミは自然環境の素晴らしさや暮らしやすさをこぞって取り上げた。住みにくい都会を出て、地方で豊かな暮らしを求める動きである。東日本大震災の後は、自分が安心して住める場所に移動する、意図的な居住地の選択が社会的に認められるようになった。

さらに2020年春からの新型コロナウイルス感染症の大流行は、私たちに日常生活を振り返る時間を与えた。澤田(2021)による『東京を捨てる』は、都会暮らしの不合理さを指摘している。そう遠くない場所に豊かな田舎があるし、それは手に入れられるのだという。仕事を確保するために大都市で暮らしている若年層がこれに反応し、地方移住を考え始めた。在宅勤務の増加やテレワークの推進もこれを後押しした。

ところが、いざ移住となると簡単ではない。当たり前だが、移住を望む者全員が望み通りになるのではない。移民にも成功者とそうでない者が生ずるように、条件や時期、場所によって結果は変わる。移住希望者向けの本でよく目にする、「虫が多くて困った」「飲食店やスーパーが少ない」などの感想は、都市生活を地方にそのまま持ち込もうとすることから生ずる問題である。そのほかにも、夫婦での移住では、どちらの故郷の近くに移住先を寄せるかとか、子どもの教育機会が十分かで悩むことが多い。つまり「どこにでも気軽に移住」ということにはならない(写真1-7)。

もちろん地方自治体も努力している。お試し移住ハウスや移住促進イ

写真1-7　地方の田舎暮らしのイメージと現実には差がある（石川県加賀市で筆者撮影）

ベントなど、移住希望者を惹きつける努力を怠ってはいない。しかし、思ったほど移住人口は増えていない。さらに、政策の根拠となるはずの移住の実態は捕捉しにくい。移住についての地方自治体への問い合わせが増えているとか、移住について関心が高まっているという「雰囲気」はあるが、それと特定の自治体が移住者を獲得できることには差異がある。手厚い子育て支援とつくばエクスプレスの沿線であることで、人口が3万人増加した千葉県流山市のような景気のよい話は、地方にはあまりない。

つまり、前項で触れた交流人口疲れからの転換と、移住による人口増加が思うように進められなかったことが、観光客と移住の中間に位置する、適度に地域に関与する関係人口の存在を意識することにつながった。しかし、この関係人口は地域にとって一体どのような意味をもつのだろうか。「観光客以上」の以上とは何なのか。また「移住未満」は何が未満なのだろうか。

### (3) 関係人口の魅力と移動縁

関係人口に関する「以上と未満の問題」を考える際に参照したいのが、

関係人口が注目された初期に小田切（2017）が示した、地域へのかかわりを「関心と関与」の軸で区別する考え方である。それは、特産品を買うかかわりから定住（というかかわり）までを同列に扱う提案であった。関係人口とは、定住につながるかかわりが優れていて、そうではないものは地域にとっては価値がないと考えてきたこれまでの方針の転換である。定住のハードルが高すぎるのであれば、その条件を取り下げればよいという代案だ。よそ者は地域とのかかわり方を自由に選べるようになった。それは同時に、今までのように関係を深めることや、地域への愛着を求めるだけに執着する必要がないという意味でもある。

しかし現在の関係人口論は、地域と移動者の関係を深めることに重点を置く試みが中心で、地域側は地域への関与の深い人を評価しがちである。また暗黙のうちに、定住を最終目的にしている。ここで思い出されるのが「婚活」だ。婚活はその名の通り結婚を最終目的として、関係を深めていくプロセスである。一見自由な出会いのように思えるが、そこには最終ゴールの結婚が前提となっている。

しかし本書で提案する移動者と地域社会の関係は、これまでの関係人口論で強調されてきたような関係ではない。もっと自由な、移動者と地域の人びとのお付き合いである。それは結婚を最終目的にして付き合う堅苦しい婚活とは異なり、移動者と地域が、楽しみながらかかわっていく自由な関係である。そのかかわりは多様で、そこに優劣がないことを認めれば一気に楽になるだろう。地域とよそ者である移動者の自由な関係だ。

そうすれば「移住を重視すべきだ」「ふるさと納税を進めるべきだ」など、ある特定のかかわりを重視するのではなく、かかわりを組み合わせて価値を生み出すことが可能になるだろう。

よくよく考えてみれば、地域にはもともとさまざまな人が暮らしている。移動してくる人も含め、地域には多様な活動があった。むしろ、いろいろな目的や内容の活動があることが、地域の可能性だと考えればよい。

よそ者である移動者の、地域とのかかわりから生まれるのが、本書で提案する「移動縁」である。常に移動の可能性がある人びとによって構成される現代の「よそ者社会」では、恒常的に移動縁が生み出されている。関係人口とは、地域を舞台にしたかかわりの多様化でもある。

ただし、地域にかかわってくる人びとすべてが地域と関係を深めたいとか、地域に貢献したいと望んでいるとは思えない。それは地域を再生させたいと考えている側の一方的な期待や思い込みである。ある移動者は、自分の理想的な住環境を手に入れたいと思い、またある移動者は衰退した地域を何とかしたいと思って地域と関係してくる。そこに優劣はない。

次章では、移動者と地域との関係を整理したい。

参考文献

赤坂憲雄（1992）『異人論序説』筑摩書房、335p.
赤坂憲雄（1995）『排除の現象学』筑摩書房、323p.
赤坂憲雄（2002）『境界の発生』講談社、329p.
網野善彦（1996）『無縁・公界・楽：日本中世の自由と平和　増補』平凡社、380p.
浅野智彦（2011）『趣味縁からはじまる社会参加（若者の気分）』岩波書店、137p.
橋本裕之（2018）「蛆としての民俗学者、民俗学者としての私」『明日の例大祭を考える：福井県三方郡美浜町の彌美神社例大祭をめぐる活動記録』、橋本裕之監修、福井県里山里海湖研究所、pp.5-18.
樋田大二郎（2015）「離島・中山間地域の高校の地域人材育成と「地域内よそ者」：島根県の「離島・中山間地域の高校魅力化・活性化事業」の事例から」『青山学院大学教育学会紀要』、(59)、pp.149-162.
樋田有一郎（2020）「地域移動が形成する家業継承者の二重の主体性：島根県中山間地域の地域内よそ者のライフストーリー分析を通して」『村落社会研究ジャーナル』、26(2)、pp.1-12.
平井太郎／小田切徳美監修（2017）『ふだん着の地域づくりワークショップ：根をもつことと翼をもつこと』筑波書房（JC総研ブックレット19）、62p.
伊豫谷登士翁（2021）『グローバリゼーション：移動から現代を読みとく』筑摩書房、302p.
神田誠司（2018）『神山進化論：人口減少を可能性に変えるまちづくり』学芸出版社、254p.
姜尚中（2006）『愛国の作法』朝日新聞社、205p.

加藤康子（2017）「趣味縁研究の系譜と現代社会におけるその現れの一例：群馬県前橋市「前橋○○部」の事例から」『文化経済学』、14(2)、pp.46-54.
菊地直樹（1999）「エコ・ツーリズムの分析視角に向けて：エコ・ツーリズムにおける「地域住民」と「自然」の検討を通して」『環境社会学研究』、(5)、pp.136-151.
鬼頭秀一（1998）「環境運動／環境理念研究における「よそ者」論の射程：諫早湾と奄美大島の「自然の権利」訴訟の事例を中心に」『環境社会学研究』、(4)、pp.44-59.
國分功一郎（2023）『目的への抵抗（シリーズ哲学講話）』新潮社、206p.
小松和彦（1995）『異人論：民族社会の心性』筑摩書房、285p.
Lutz, Chris (2017) *The Digital Nomad Lifestyle: A Guide to Help Lifestyle Entrepreneurs Work and Play While Traveling the World*, Createspace Independent Pub, 84p.
松村和則（1999）「山村再生と環境保全運動：「自由文化空間」と「よそ者」の交錯」『環境社会学研究』、(5)、pp.21-36.
松永桂子（2016）「「ローカル志向」をどう読み解くか」『ローカルに生きるソーシャルに働く：新しい仕事を創る若者たち』、松永桂子・尾野寛明・大森彌編、農山漁村文化協会、pp.6-22.
Moss, L. A. G. (2006) The Amenity Migrants: Ecological Challenge to Our Contemporary Shangri-La, *The amenity migrants: seeking and sustaining mountains and their cultures*, Laurence A. G. Moss ed., CAB International, Wallingford, pp. 3-25.
中森弘樹（2017）『失踪の社会学：親密性と責任をめぐる試論』慶應義塾大学出版会、360p.
NHKスペシャル取材班（2017）『縮小ニッポンの衝撃』講談社、198p.
西岡八郎ほか（2008）「近年の日本の人口移動：第6回人口移動調査（2006年）の結果」『人口問題研究』、64(4)、pp.35-63.
野中郁次郎・竹内弘高（1996）『知識創造企業』東洋経済新報社、401p.
小原満春（2019）「ライフスタイル移住の意思決定に関する研究：観光経験による態度形成過程を中心としたアプローチに向けて」『観光学評論』、7(2)、pp.111-122.
小田切徳美（2017）「「よそ者」「風の人」と農山村再生」『よそ者と創る新しい農山村』小田切徳美監修、筑波書房（JC総研ブックレット19）、pp.58-62.
指出一正（2016）『ぼくらは地方で幸せを見つける：ソトコト流ローカル再生論』ポプラ社（ポプラ新書111）、250p.
作野広和（2016）「地方移住の広まりと地域対応：地方圏からみた「田園回帰」の捉え方」『経済地理学年報』、62(4)、pp.324-345.
作野広和（2019）「人口減少社会における関係人口の意義と可能性」『経済地理学年報』、65(1)、pp.10-28.
澤田晃宏（2021）『東京を捨てる：コロナ移住のリアル』中央公論新社（中公新書ラクレ726）、253p.
敷田麻実（2002）「知識創造サーキットモデルの提案：よそ者と協働する琴引浜スタイルの環境保全」『Ship & Ocean Newsletter』、(56)、pp.6-7.
敷田麻実（2009）「よそ者と地域づくりにおけるその役割にかんする研究」『国際広報メディア・観光学ジャーナル』、(9)、pp.79-100.
敷田麻実（2022）「地域再生におけるよそ者の分類と変容に関する研究：資源所有と商

品・サービス創出による分類モデルの提案」『日本地域政策研究』、(28)、pp.66-75.
敷田麻実 (2023)「移動前提社会の可能性と移動者の課題」『観光学術学会第12回大会発表要旨集』、pp.36-37.
敷田麻実・末永聡 (2003)「地域の沿岸域管理を実現するためのモデルに関する研究：京都府網野町琴引浜のケーススタディからの提案」『日本沿岸域学会論文集』、(15)、pp.25-36.
曽我謙悟 (2019)『日本の地方政府：1700自治体の実態と課題』中央公論新社、258p.
須藤直子 (2012)「変わりゆく移住の形式：よそ者 (stranger) 概念からみる「新しい移住」」『ソシオロジカル・ペーパーズ』、(21)、pp.36-53.
高橋博之 (2016)『都市と地方をかきまぜる：「食べる通信」の奇跡』光文社 (光文社新書833)、230p.
田中雅一 (2016)「道議と道具：他者論への実践的アプローチ」『他者：人類社会の進化』、河合香吏編、京都大学学術出版会、pp.295-313.
田中輝美 (2017)『関係人口をつくる：定住でも交流でもないローカルイノベーション』木楽舎、255p.
田中輝美 (2021)『関係人口の社会学：人口減少時代の地域再生』大阪大学出版会、385p.
谷亮治 (2009)「期間限定居住型コミュニティサポーターの可能性と形成要因：島根県隠岐郡海士町のケーススタディ」『コミュニティ政策』、(7)、pp.112-132.
山田晴義 (2011)「農村移住による農村再生のための計画的課題と展望」『農村計画学会誌』、29(4)、pp.414-417.
梅屋真一郎 (2018)『雇用ビッグデータが地方を変える：47都道府県の傾向と対策』中央公論新社、217p.
山口昌男 (1974)『トリックスター』晶文社、309p.
山口昌男 (2003)『山口昌男著作集3道化』今福龍太編、筑摩書房、458p.

# 第2章
# 地域にかかわる多様な移動者

本章では、前章で紹介したよそ者、移動者をひとまとめにして扱うのではなく、地域とのかかわりの違いから複数のタイプに分けて考えたい。その際に、移動者が「何をするのか（内容）」と「何を求めているのか（目的）」の違いに注目して整理する。合わせて、第3〜4章で取り上げるタイプの異なる移動者の事例のポイントを紹介する。

遊ぶ（オランダ・ヒートホールン）

## 1. 移動前提社会における地域と移動者の関係

前章で説明したように、現代社会は「移動」という基盤があれば生活や仕事が成り立つ「移動前提社会」になりつつある。日常生活圏を越えて移動する人びと、つまり「移動者」が増えることは、地域側から見ると、多くのよそ者が地域に新たにかかわってくることを意味する。移動者が少ない時代には、彼らは文字通り「まれびと」であり、地域社会が守ってきた規範や秩序が乱されることは少なかった。しかし、移動者は地域の人びとにとって異質な存在であり、その数が増えると地域の規範や秩序を脅かす存在として警戒されることもある。その反面、移動者は地域に新たな可能性をもたらす存在でもある。近年は後者としての評価が高まり、関係人口や移住者として移動者を積極的に迎え入れる地域も出てきた。

ところで、過疎化や高齢化に悩む多くの地域では、その解決のために定住人口の確保に取り組んでいるが、人口減少社会に入った日本では定住人口の増加は期待できない。そこで、1980年代には交流人口、さらに2010年代には関係人口として、移動者を迎え入れる努力が政策的に続けられてきた。地域側はこうした移動者の中でも、地域への想いを持って何らかのメリットをもたらしてくれる人びとに注目し、地域にとって「役に立つ存在」としての移動者の確保をめざしてきた。

この背景には、日本が長らく土地と強く結びついた生活を営んできた「定住前提社会」であったことがあげられる。定住前提社会では、基本的に地域側が優位であり、定住者である地域の人びとが移動者を選択できると考えられていた。地域にやって来る移動者に、地域の人びとはさまざまな役割を期待し、地域へのかかわりを求めていった。

しかし、移動者は必ずしも地域への想いが強いわけでも、地域に興味を持っているわけでもなく、自らかかわりを求めてやって来るとも限らない。移動者は自身の都合あるいはメリットを求めて地域にやって来ることの方が多いので、地域の都合だけで移動者を選択したり、拒否したりできない。むしろ、移動者の側がそれを決める場面の方が多くなっている。とりわけ人口減少が進んだ地方では、それは著しい。

地域社会へのかかわりを求められたときの移動者の反応として、次の4つのパターンが考えられる（表2-1)。実際の地域社会は複数の人びとで構成されているのに対し、そこにかかわる移動者は一個人や一家族の存在であることが多い。そのため、多数派に対する少数の「個」が基本的な反応になる。

移動者の反応パターンは、1つ目が地域社会へのかかわりが煩わしくなり、その場所を離れる「離脱」である。2つ目は地域社会へのかかわりを拒み、地域社会とかかわらずに、その場所で生活を続ける「孤立」、3つ目は地域社会との軋轢を避け、新たに自分たちだけのコミュニティを形成し、その場所で生活を続ける「分離」である。そして、4つ目は地域社会で存在が認められることで、地域の人びとと対等な関係を持つ「共生」である。

これらの中で地域側が歓迎する反応は「共生」である。せっかく地域にやって来るのであれば、何か地域側と協調して欲しいと当然考えるであろう。「離脱」は仕方がないにせよ、地域で生活するのであれば「孤立」や「分離」は避けて欲しい。そして、地域で暮らすならば何か手伝って欲しい、地域のアメニティを利用しているのだから、その分は何かに役立って

表2-1　移動者から見た地域側への反応のパターン

| パターン | 特　徴 |
| --- | --- |
| ①離脱 | 地域社会へのかかわりが煩わしくなり、その場所を離れる。 |
| ②孤立 | 地域社会へのかかわりを拒み、地域社会とかかわらずに、その場所で生活を続ける。 |
| ③分離 | 地域社会との軋轢を避け、価値観を共有する仲間と新たなコミュニティを形成し、その場所で生活を続ける。 |
| ④共生 | 地域社会で存在が認められることで、地域の人びとと対等な関係性を保つ。 |

（出典）森重・敷田（2022）から転載し、一部改変

欲しい、いいとこ取りをしないで欲しいというのが地域側の態度である。

しかし、そもそも何をもって役に立つというのか判断することは難しい。また、地域にはさまざまな目的で移動者がやって来る。その目的を無視して、地域の都合だけを押しつけても協調はうまくいかない。移動者の反応は、地域側の態度によっても変わってくる。

また、地域側と移動者の関係性も、かかわりができるにつれて変化していく。そのため、地域にとって役に立つ移動者を見極めることよりも、むしろ多様な移動者の特性や滞在期間に応じて、地域側がどのように彼らとの関係を構築していくかを考えることが大切である。やはり、地域の人びとと移動者がかかわってできた「移動縁」を、相互関係の中でいかに育てていくかである。解決のカギはお互いの関係にある。

## 2. 移動の動機から見た移動者の分類

現代社会は人の移動が激しい都市だけではなく、地方にも多様な移動者がやって来る。もはや固定したメンバーによるまちづくりではなく、人びとの出入りがあることを前提として、一様ではない移動者との新しい付き合い方を考えていく必要がある。

しかし、「多様な移動者と付き合う」といっても、どのような移動者が地域に何を求めてやって来るのかがわからなければ、地域側も彼らと付き合いようがない。そこで、「何をするのか（内容）」「何を求めているのか（目的）」という2つの観点から移動者の分類を試みる。もちろん、移動者の中には放浪者のように特に目的もなく地域にやって来る人びともいるが、ここでは何らかの動機がある存在と仮定しよう。そこから、地域社会にかかわる移動者のタイプやその特性を整理できる。さらに、地域の人びとと移動者の関係についても考えていこう。

まず、移動者が「何をするのか（内容）」については、「地域の価値を消費」するのか、あるいは「地域で価値を創出」するのかによって区別できる。これは、移動者が地域で生み出された価値を消費する（得る）た

**写真2-1　地域の価値を消費する移動者である観光客**（大阪・道頓堀で筆者撮影）

めに地域にかかわるのか、それとも地域で生産的な活動に従事し、何らかの価値を生み出し提供する（与える）ためにかかわるのかの区別である。

前者の例としては、地域での非日常体験を求め、おみやげ（商品）やおもてなし（サービス）を消費する（得る）観光客や（写真2-1）、地域のアメニティや地域の人びととの交流を楽しむ「ライフスタイル移住者」などがあげられる。一方、後者の例としては、地域の資源を利用して起業する人や仕事のためにやって来た転勤者などがあげられる。地域おこし協力隊員や災害時に支援に来るボランティアも、地域での活動を通して価値を生み出すという点で後者に含まれる。

もう1つの「何を求めているのか（目的）」については、「地域で具体的な利益（メリット）が得られること」を希求するのか、「望ましい社会の状態（ユートピア）の実現」を志向するのかによって区別できる。これは、移動者が何らかの利益や自身の活動に有利な条件を求めて地域に関係したいのか（私的な利益）、それとも地域の人びととの交流やより理想的な地域社会の実現を求めて関係したいのか（共通の利益[1)]）という

---

1）個人が個別の利害を超えて持つ「共通の利益」は、公共性ということもできる。

区別でもある。

前者のメリット志向の例としては、楽しみや快適性を求めてやって来る観光客や長期滞在者、地域の資源を使って自身のスキルを生かしたい移住起業者があげられる。なお、婚姻を目的とした移住者もここに含まれる。一方、後者のユートピア志向の例としては、地域にある際立ったアメニティやコミュニティのつながりなどを求める二地域居住者などがあげられる。また、メリット志向はどちらかというと物質的な豊かさを、ユートピア志向は精神的な豊かさを求める移動者と考えることもできる。当然ながら、両方を求めている移動者も存在する。

そこで、移動者が何を求めているのか（「メリット志向」または「ユートピア志向」）をX軸とし、移動者が何をするのか（「地域で生み出された価値を消費」または「地域で価値を生み出し提供」）をY軸とすると、移動者を4つのタイプに区分できる（図2-1）。それぞれの移動者の特性を詳しく見ていこう。

## 3. 地域で生み出された価値を消費する移動者

まず、図2-1の①「商品・サービスの消費や非日常体験を求める移動者」について考えたい。彼らは「地域で生み出された価値を消費するメリット志向」である。このタイプの移動者の中で最もわかりやすい例は、観光客である。私たちが旅行に出かける場面を想像してみよう。ある観光地を訪れ、そこで地域固有の自然景観や文化を体験し、宿泊やご当地グルメを楽しみ、おみやげを購入する。いずれの場面でも、地域で提供された商品・サービスを消費する。そして、観光地をひと通り楽しんだ後、次の観光地へ向かうか、居住地に戻っていく。一般の観光客にとっては「非日常空間」での価値の消費、中でも商品やサービスの購入のような具体的なメリットを求めていることがポイントである。

ところで、移動者ではないが、このタイプの考え方に含まれる存在として、ふるさと納税者をあげることができる。ふるさと納税者のうち、

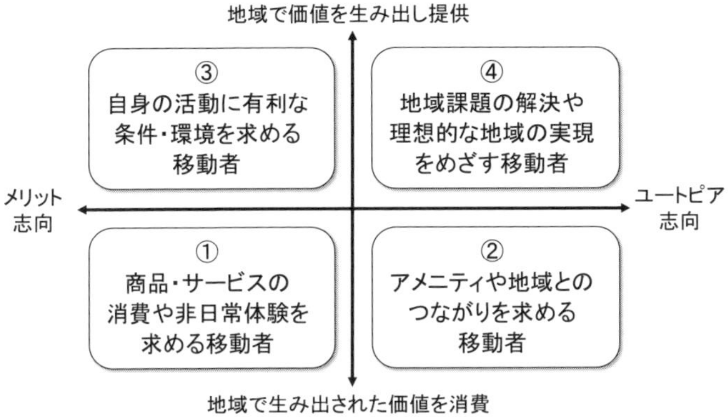

地域で価値を生み出し提供

③
自身の活動に有利な
条件・環境を求める
移動者

④
地域課題の解決や
理想的な地域の実現
をめざす移動者

メリット
志向

ユートピア
志向

①
商品・サービスの
消費や非日常体験を
求める移動者

②
アメニティや地域との
つながりを求める
移動者

地域で生み出された価値を消費

図2-1　動機から見た地域にかかわる移動者の分類

（出典）敷田・森重（2022）をもとに作成

主に返礼品が目当ての人びとは、前述した商品やサービスの消費を求める観光客に近い存在である。この納税者は具体的なメリットを求めている。彼らは自分が移動する代わりに、地域産品を移動させて消費する①の移動者のバリエーションである。

次に、図2-1の②「アメニティや地域とのつながりを求める移動者」を見よう。彼らは商品やサービスのような具体的なメリットではなく、

写真2-2　アメニティとして価値を持つ美しい海（沖縄県恩納村で筆者撮影）

理想的な環境や社会を求めている。つまり、「地域で生み出された価値を消費するユートピア志向」である。たとえば、温暖な気候や美しい海で1年中ダイビングが楽しめるので沖縄に移住した人は、沖縄が提供する自然環境、すなわちアメニティを消費する移動者である（写真2-2）。また、ある地域を何度も訪れているうちに、その地域の人びとと仲良くなり、親族に会いに行くかのように地域に通い続けるリピーターは、その地域の人びととの交流やつながりという現代社会で失われがちなユートピア的なコミュニティを求める移動者である。

## 4. 地域で価値を生み出し提供する移動者

今度は、地域で価値を生み出し提供する移動者について考えよう。この移動者も2つのタイプに分けられる。

まず、図2-1の③「自身の活動に有利な条件・環境を求める移動者」である。たとえば、脱サラして移住し、地域の資源を使って起業する人やゲストハウスを始める人などがあげられる。彼らはスキルを生かしたい、試したい、高めたいと考え、地域で価値を生み出し提供する存在となる。仕事で成功することへの興味、つまり私的な利益を動機としており、必ずしも地域の共通の利益に関心を持っているわけではない。彼らは、地域で価値を生み出し提供するが、同時に活動条件という具体的なメリットを志向する移動者でもある。

もう1つは、図2-1の④「地域課題の解決や理想的な地域の実現をめざす移動者」である。彼らは地域課題の解決を通して、地域で価値を生み出し提供するが、具体的なメリットを志向するというよりも、地域が望ましい（ユートピアが実現する）状態になればよいと考えている。その点で、価値を生み出しユートピアを志向する移動者である。

その典型例は地域おこし協力隊員であろう。彼らは地域が抱えている課題の解決に向けて何か協力したい、貢献したい、あるいは理想的な地域を実現したいという意欲を持って地域を訪れる[2)]。一方、専門的スキルを持っている「専門家」と呼ばれる移動者もいる。彼らは地域で重宝される。無医村に派遣される医療従事者や離島にやって来る教員などがわかりやすい例である。彼らは地域で何か新たなものを生み出しているわけではないが、地域課題の解決に貢献しているという点で、価値を生み出す移動者に分類できる。また、地域の望ましい状態をつくり出すことを使命にしている点では、ある種のユートピア志向でもある。

なお、観光客は①に分類したが、災害時に話題になるボランティアツーリズムのように、地域で生み出された価値を消費することを目的としないスタイルの観光も見られる。こうした観光客はユートピア志向であり、地域で支援活動にかかわって価値を生み出している、図2-1の④の移動者である。

地域で価値を生み出し提供する移動者は、仕事や地域課題の解決の場面で地域の人びととかかわる機会が多い。そのため、結果的に地域の価値を消費する移動者に比べると、地域とのかかわりが深まることが多い。

## 5. 地域社会との関係性によって変化する移動者

図2-1では、移動者が地域社会にかかわる2つの動機に着目し、移動者を4つのタイプに分類した。それを一歩進めて、具体的な移動者像と結びつけると、図2-2のように整理できる。

一般的な観光客から地域課題の解決をめざす専門家まで、地域にやって来る移動者は多様である。そこで、図2-2では「何をするのか（内容）」と「何を求めているのか（目的）」という図2-1の考え方に沿って、地域にやって来る代表的な移動者を分類している。図2-2からわかることは、移動者を滞在時間や定住・非定住、また地域とのかかわりの深さで

2) ここでは、地域課題の解決や理想的な地域の実現をめざす存在として地域おこし協力隊員をとらえている。実際の参加者の考え方はさまざまであり、必ずしも地域課題の解決に必要な専門的スキルを十分に備えているわけではない。

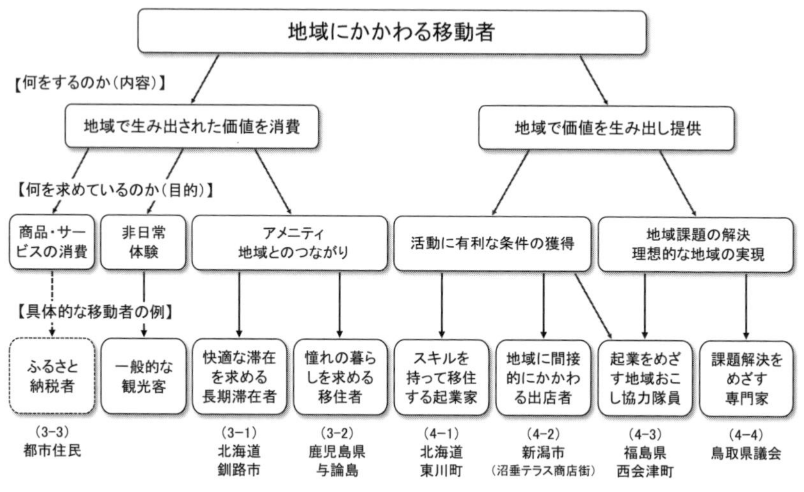


図2-2　移動して地域にかかわる人びとの分類（筆者作成）
注）（　）内の数字は本書で紹介する章および節の番号を示す。

区分してきた従来の考え方は変えた方がよいということである。

滞在時間の長短では、地域との関係を決めることはできない。確かに消費だけして過ぎ去る観光客は多く、地域とのかかわりは少ない。しかし、消費は地域経済に対する影響が大きいので、消費しているだけだからという理由で無視はできない。また、滞在時間が長い、あるいは定住しているからといって、必ずしも地域に積極的にかかわっているわけではない。仕事の都合で移動してきた転勤者のように、地域に居住しているが、地域の人びととのかかわりが薄い人びともいる。移動者は地域に住んでいる時間の長さではなく、地域での活動内容（価値を創出するのか、消費するのか）と活動目的（私的な利益か、共通の利益か）によって、大きく地域とのかかわりを変えている。つまり、かかわりの深さは「結果」なのである。

このように考えると、関係人口についての議論で「かかわりの深化」をめざしていることに疑問が湧いてくる。地域社会と移動者の関係は意図的に深化させるのではなく、移動者の活動内容と活動目的によって決まるものである。もちろん、1人の移動者が複数の目的を持ったり、活動内容が複数あったりする場合もある。たとえば、地域おこし協力隊員として地域に来たが、「地域づくりに貢献したい」というユートピア志向の目的のほかに、「田舎で暮らしたい」というアメニティの消費の目的もあるかもしれない。そもそも人は、生活と仕事のように、かかわる活動が複数あることの方が一般的であろう。

逆に、活動内容と活動目的のいずれも「ない」という反論があるかもしれない。しかし、移動者が地域にやって来るからには、放浪者でもない限り、何らかの活動内容や活動目的があるはずである。むしろ、放浪者だからこそユートピア志向を持っているといえる。

こうした移動者の地域へのかかわりを考えると、「住民」と呼ばれる地域の人びとであっても、地域とのかかわりは多様であることに気づく。地域に長く居住していても、消費でしか地域社会と接点を持たない人もいる。こうした人びとは別荘所有者のように、地域でアメニティを消費することが目的である。平日は地域外に出かけて働き、週末に地域で消費者として過ごし、結果的にかかわりが少ないということになる。

ここまで述べてきたように、地域にかかわる移動者は決して1つの集団としてまとめられる存在ではなく、多様であり、彼らの行動や地域とのかかわりには広がりがある。地域はこうした移動者が持つ動機の差異と向き合い、関係を築いていくことが大切である。

さらに重要なことは、図2-2で示した移動者の活動内容や活動目的は決して静的ではなく、地域とかかわるうちに動的に変化していく点である。たとえば、非日常体験を求めて訪れた観光客が地域のアメニティや地域の人びととのつながりを気に入り、リピーターとして足しげく通ったり、長期間滞在したりすることは珍しくない。また、自身のスキル向上を求めて移住し、仕事を始めた人が地域課題の解決に奮闘することもあろう。さらに、地域で生み出された価値を消費したい移動者が地域とかかわるうちに、地域で価値を生み出し提供する側の存在になることもある。これらは、移動者が地域の人びととかかわる中で、当初の活動内容や活動目的が変化することで生ずる。そのため、「地域側と移動者とのかかわり」だけでなく、「移動者が自由に活動できる」機会をつくることが重要である。かかわりの深化を一義的に狙うよりも、多様な出会いや体験、つまり「ご縁」の機会を地域側で創出することの方が、意味がある。移動してできた最初のご縁から良縁が生まれることも、そのままであることもある。それこそが、まさに本書がフォーカスする「移動縁」の重要性である。

今までの移住や関係人口の議論では、往々にして交流人口から関係人口、そして定住人口へとつなげていこうと意図する例も見られるが、本書はこうした一方向の変化だけを評価するものではない。もちろん、さまざまなご縁の中には実を結ばない縁もある。それよりも、移動縁をどのように生かしていくかが、これからの地域のあり方を左右すると考えている。

## 6. 事例の紹介と読解のポイント

地域にかかわるさまざまなタイプの移動者について述べてきたが、第3章では地域で生み出された価値を消費する移動者、第4章では地域で価値を生み出し提供する移動者について、具体的な事例を交えて紹介していく（図2-3）。次章を読み進める前に、それぞれの事例の読解ポイントを簡単に整理しておきたい。

### ⑴ 地域で生み出された価値を消費する移動者の事例

まず第3章第1節は、夏季の涼しい気候を求めて長期滞在する移動者が訪れている北海道釧路市の事例である。彼らのうち、夏季の冷涼な気候や雄大な自然環境などのアメニティを目的に訪れる長期滞在者は、図2-1の②「アメニティや地域とのつながりを求める移動者」である。一方、豊かな食などの具体的メリットを目的に訪れる長期滞在者は、図2-1の①「商品・サービスの消費や非日常体験を求める移動者」である。興味深い点は、彼らが長期滞在を続けるうちに市民や市役所職員の温か

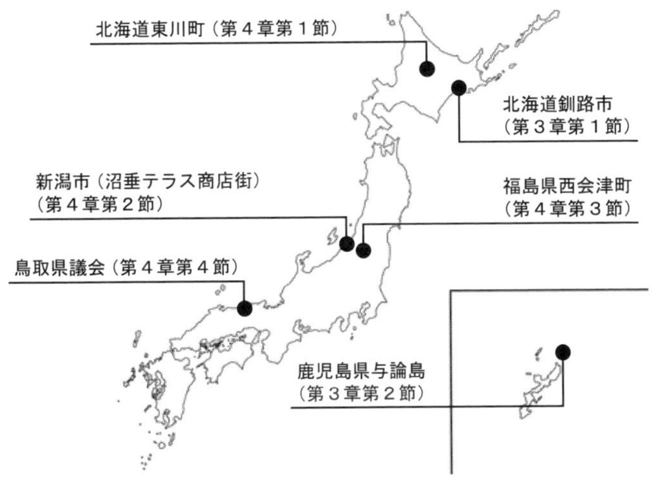


図2-3　本書で取り上げる事例の位置
注）第３章第３節のふるさと納税の事例は特定の地域を指してないので、図示していない。

さに触れ、地域のつながりにも魅力を感じるようになることである。さらに、市民や市役所職員との交流を通じて地域活動にかかわり始める長期滞在者も現れてくる。そうした長期滞在者は図2-1の④「地域課題の解決や理想的な地域の実現をめざす移動者」に変化した人びとである。こうした変化も合わせ、そのプロセスを紹介する。

続く第3章第2節は、南国での理想的な暮らしや環境、シマの人びととの交流に憧れる移住者に着目した鹿児島県与論島の事例である。ここで取り上げる移住者は、釧路市で長期滞在する人びとと同じく、図2-1の②「アメニティや地域とのつながりを求める移動者」である。しかし、移住後に図2-1の④「地域課題の解決や理想的な地域の実現をめざす移動者」に変化する人が現れている。与論島の持つ南国の魅力に引きつけられて移住した点は共通しているが、彼ら自身の立場や認識、地域社会の受容度合いはさまざまである。与論島で長期間生活を続けるだけで地域社会に受容されるわけではない。本節では聞き取り調査を通して、彼らのかかわりの変容を明らかにしていく。

第3章第3節は、地域産品を通じて地域とかかわるふるさと納税者の事例である。例外的な存在ではあるが、ふるさと納税制度は地域再生で注目されており、多くの人びとにとっても身近な例であるので取り上げた。ふるさと納税者のうち、返礼品や節税を主な目的とする人びとは図2-1の①「商品・サービスの消費や非日常体験を求める移動者」と同様と考えることができる。彼らは移動せずに地域の価値を消費するので、移動者ではないが、本章で分類した移動者と共通した地域とのかかわりを持っている。人が動かず、モノ（地域産品）を動かして何らかの目的を達成するという点では、移動前提社会のひとつの形といえよう。本節ではふるさと納税者を4つのタイプに分類し、私的な利益を追求する人びとから、地域の共通の利益を求める人びとに転換する可能性も考える。

### ⑵ 地域で価値を生み出し提供する移動者の事例

第4章第1節は、木工家具やクラフトのスキルを持つ職人が数多く移住している北海道東川町の事例である。職人が自身のスキルを用いて優れた仕事をするために、有利な条件の土地に移住創業していることから、図2-1の③「自身の活動に有利な条件・環境を求める移動者」といえる。木工家具やクラフトが東川町で自立した産業として発展し、広がりを見せる中で、移住起業者と地域の人びととの関係も次第に変化していった。ここでは、東川町役場の取り組みも含め、移住起業者がどのように東川町にやって来たのか、そして彼らがどのような経緯を経て図2-1の④「地域課題の解決や理想的な地域の実現をめざす移動者」へと変化し、地域に定着していったのか、そのプロセスや要因を明らかにしていく。

次の第4章第2節は、移動者が出店者となって再生された新潟市沼垂テラス商店街の事例である。ここは、地域外から商店主が通勤し、地域外でつくられた商品を地域外の人びとに向けて販売する、一風変わった商店街である。商店主は図2-1の③「自身の活動に有利な条件・環境を求める移動者」であり、図2-1の①「商品・サービスの消費や非日常体験を求める移動者」である観光客に商品を売っている。ただし、この商店街にも出店者の管理を行う組織が介在し、地域とのかかわりや秩序を維持している。ここでは、沼垂テラス商店街の再生の過程や出店者の活動、商店街の運営体制などを整理した。突如生まれた移動者による自由空間の中で、出店者である移動者が商店街を介して地域とどのような関係を持っているかを読み解いていく。

第4章第3節は、地域課題の解決だけでなく、起業のためのスキル獲得をめざし、地域おこし協力隊員としてやって来る移動者を受け入れている福島県西会津町の事例である。この地で活動する地域おこし協力隊員は、起業をめざす図2-1の③「自身の活動に有利な条件・環境を求める移動者」と、④「地域課題の解決や理想的な地域の実現をめざす移動者」が混在する。そこでは、中間支援の役割を担う「BOOT」が移動者に必ずしも定住を求めない一方、起業のスキル獲得をめざすという発想の転換が見られる。こうした人材確保や人材育成の取り組みを整理しながら、移動者がどのように経験を重ね、意識や行動を変化させていったか、移動者の変容について述べていく。

最後の第4章第4節は、地域課題の解決のために、著者の1人が専門家として鳥取県議会に招聘（しょうへい）された経験談をまとめた事例である。人口が少ない地方の地域では、地域外から専門家を招聘することが多い。彼らは地域課題を解決することを期待されている図2-1の④「地域課題の解決や理想的な地域の実現をめざす移動者」である。ここでは国と地方自治体の人事交流というやや特異な事例を取り上げている。県議会の機能強化という課題解決に向け、国から地方に出向した専門家がさまざまな経験や専門知識を持ち込み、どのような変化を体験したかについて、副産物も含めて成果をとらえることの大切さや意義を明らかにしていく。合わせて、専門家が持つ「専門知」についても解説する。

以上の事例は基本的に図2-2に対応しているが、事例からも明らかなように、地域にかかわる移動者に優劣はないということが本書の主張である。第3章から順番に読み進めても構わないし、読者の関心のある事例を選んで読んでも理解できるようになっている。続く第5章では、多様な移動者を受け入れる地域側に視点を移し、移動縁を紡ぐ「地域編集」と「変容」について触れ、第6章では移動前提社会におけるこれからの社会のあり方に迫っている。移動前提社会の中では、地域社会も移動者も、移動によってできるご縁では「対等」であるという移動縁の重要性について、本書を通して理解を深めていただきたい。

参考文献

森重昌之・敷田麻実（2022）「移動を前提とする社会における地域外関係者への働きかけ：北海道釧路市の長期滞在事業を事例に」観光学術学会第11回大会発表要旨集、pp.35-36.

敷田麻実・森重昌之（2022）「関係人口の議論におけるよそ者の地域関与の分類」観光学術学会第11回大会発表要旨集、pp.33-34.

木立を歩く（滋賀県高島市）

# 第3章
# 地域で価値を消費する移動者

本章では、「地域で生み出された価値を消費する移動者」に焦点を当てる。北海道釧路市の長期滞在者、鹿児島県与論島の移住者、さらに「移動しない移動者」としてふるさと納税者の実例を紹介する。そして、彼らが何を求め、地域とどのようにかかわっているのか、またかかわりを通して自身をどのように位置づけ、どのように 変容していくのかについて考えていく。

## 1. 快適な生活を求めて訪れる長期滞在者 ――北海道釧路市

北海道釧路市は、夏季の涼しさを求めて毎年多くの長期滞在者がやって来る。釧路市はなぜ長期滞在者に選ばれるのか。彼らは釧路市に何を求め、どのように長期滞在を楽しんでいるのか。また、彼らが毎年釧路市を訪れる要因はどこにあるのか。本節では、地域社会とのかかわりを中心に、釧路市での長期滞在者の動向を紹介する。

### ⑴ 涼しさを求めて長期滞在する移動者

釧路市は2005年頃から長期滞在事業に取り組み始めたが、本格的に長期滞在する移動者（以下「長期滞在者」）が訪れるようになったのは、東日本大震災後の節電ブームや猛暑の影響によって、釧路市の涼しさが注目を集めた2011年からである。その後、長期滞在者数は増加傾向にあったが、2020年のコロナ禍によって一時的に減少した。なお、2022年度の長期滞在者数は2,267人、延べ滞在日数は2万3,726日であった。

釧路市を訪れる長期滞在者の多くは定年退職者であり、60代以上が全体のおよそ9割を占めている。長期滞在者は涼しさを求めて訪れるので、当然夏季が多く、延べ滞在日数全体のおよそ7割が7～9月に集中する。彼らは主にマンスリーマンションを借りているが、一部はホテルに連泊して長期滞在している。

移動者である彼らは「よそ者」として釧路市に滞在するが、毎年釧路市を訪れ、滞在期間が長くなるにつれ、地域社会とのかかわりを深めていく。そのため、短期滞在の観光客にはない特徴を持っている。しかし、基本的には夏季だけ滞在し、シーズンが終われば元の居住地に戻っていくので、定住者ではない。

このような長期滞在者は、釧路市に何を求め、どのように滞在期間を楽しんでいるのか。また、釧路市役所や市民は長期滞在者をどのように受け入れているのか。本節では、長期滞在者と地域社会の双方の視点から、釧路市の長期滞在事業をとらえていく。

### ⑵ 道東の中心都市である釧路市

釧路市は、2005年10月に旧釧路市と阿寒町、音別（おんべつ）町が合併して現在の市域となり、面積は北海道内で3位となる1,363km$^2$に広がった。現在は酪農業を主力とする農業や、国内有数の水揚量を誇る水産業を中心とした第一次産業に加え、大規模な食品・製薬工場や製紙工場が地域の主な産業である。また、坑道を掘って石炭を採る国内唯一の炭鉱が今なお操業している。さらに、国や北海道庁の出先機関や大手企業の支店が立地し、道東の中核・拠点都市として、地域の社会、経済、文化の中心となっている。しかし、ピーク時の1980年に22万7,234人であった人口は減少傾向にあり、2020年には16万5,077人になった。

「釧路湿原」、「阿寒摩周」の2つの国立公園をはじめとする雄大な自然環境に恵まれた釧路市は、特別天然記念物に指定されているタンチョウや阿寒湖のマリモなど、よく知られた観光資源も有している（写真3-1-1）。また、世界三大夕日として知られる幣舞（ぬさまい）橋、釧路フィッシャーマンズワーフMOO、和商（わしょう）市場、春採（はるとり）湖など、魅力的な観光資源も多い。

写真3-1-1　細岡展望台から見た釧路湿原（筆者撮影）

釧路市の観光入込客数は、東日本大震災直後の2011年度に298万2,414人であったが、その後は増加して2019年度には530万7,274人となった。しかし、コロナ禍の2020年度は前年に比べてほぼ半減し、2022年度も380万9,978人にとどまっている。

### ⑶ 長期滞在者に選ばれる理由

釧路市沿岸部の気候は1年を通して冷涼で、2012～2021年の夏季（7～9月）平均最高気温は21.2度と、東京都の30.0度、大阪市の31.7度に比べて約10度も低い。札幌市と比べても、釧路市は4.4度低い。このシーズンは「海霧（じり）」と呼ばれる霧が多く発生し、市街地も含め幻想的な風景となる。釧路市は「日中の外出を控える」や「こまめな水分や塩分の補給を」など、本州以南ではおなじみの熱中症予防とは無縁であり、こうした快適さを求めて多くの長期滞在者が訪れている。

夏季の涼しさに加え、釧路市が長期滞在先に選ばれる理由として、道東の中核・拠点都市であることも大きい。市内にはショッピングセンターや病院などが数多く立地し、バス路線もある程度整備されており、日常生活の利便性は高い。また、長期滞在に便利なマンスリーマンションやホテルも充実しているほか、釧路空港には東京や大阪、札幌を結ぶ直行便が就航しており、大都市へのアクセスも容易である。

釧路市の長期滞在者は、基本的に地域が提供するものを消費することを目的に来訪しているが、具体的な商品やサービスが対象なのではなく、冷涼な気候や豊かなアメニティという理想的な環境を求める、ユートピア志向である。つまり、第2章図2-1の②に該当する「アメニティや地域とのつながりを求める移動者」である。

加えて、シシャモやトキシラズ（サケ）、クジラ肉、勝手丼、クロレラ入りの釧路そば、鉄板スパゲッティなど、食の魅力も豊富に揃っている。豊かな食文化やおいしい食べ物を求めている点では、地域で具体的な商品やサービスの消費も目的にしており、図2-1の①「商品やサービスの消費や非日常体験を求める移動者」でもある。つまり、全体として彼らは地域で生み出された価値を消費するメリット志向といえる。

このように、夏季の涼しさや雄大な自然環境などのアメニティに加え、十分な都市機能が備わっているうえ、魅力的な食があることから、毎年多くの長期滞在者が釧路市で過ごしている。しかし、釧路市が長期滞在者を集めている理由は、こうしたアメニティの魅力だけではない。釧路市が選ばれる理由には、市民や市役所職員の温かい対応があげられる。よそ者は訪れる地域に不慣れであることが多く、そうした地域での暮らしには不安がある。しかし、釧路市では長期滞在者に対して市民や市役所職員によるさまざまなサポートがあり、それが長期滞在者の不安を軽減し、繰り返し釧路市を選択する要因になっている。長期滞在者の増加を促すのは、その土地の観光資源や立地条件だけではなく、地域社会による長期滞在者への支援のしくみが功を奏しているところも大きい。

### ⑷「寒いまち」から「涼しいまち」へ

釧路市が長期滞在事業に取り組み始めたきっかけは、2005年9月に「北海道移住促進協議会（現一般社団法人北海道移住交流促進協議会）」が発足し、釧路市も参画したことであった。釧路市は、もともと全国版の天気予報でその涼しさが取り上げられることも多く、当時から冷涼な気候に関する問い合わせが寄せられていた。そこで、釧路市役所はそれまでの「寒いまち」から「涼しいまち」へと、ポジティブなイメージへの変換・発信に努め始めた。また、人口減少によって発生する空き物件を有効に活用するためにも、2006年度から移住促進を目的に、希望者に不動産事業者の情報提供を始めた。

また、釧路市役所は隣接する鶴居（つるい）村に長期滞在者がいることを知り、2007年度に聞き取り調査を実施し、長期滞在の動機やニーズを把握した。その結果を受けて、最初から移住を求めるのではなく、長期滞在や二地域居住から移住をめざす段階的な施策に重点を移すとともに、市役所と民間（不動産事業者）の連携によって施策を進めることにした。具体的には、長期滞在を検討する人から釧路市役所へ住宅に関する問い合わせがあれば、不動産事業者を斡旋した。その後、長期滞在ビジネスの事業化をめざし、2009年6月に宿泊事業者や交通事業者なども加えた「くしろ長期滞在ビジネス研究会（事務局：釧路市市民協働推進課。以下「ビジネス研究会」）」が設立され、長期滞在者を受け入れる現在の体制が整った。

### (5) 増加傾向にある長期滞在者

釧路市では、①主たる居住地が市外である、②市内宿泊施設または長期滞在物件を利用する、③滞在期間が4日以上であることの3点すべてを満たす人を長期滞在者と定義している。この定義に基づいた2022年度の長期滞在者数は2,267人、延べ滞在日数は2万3,726日で、うち2週間以上滞在した者は221人（9.7%）であった。市役所がデータを把握し始めた2008年度以降の長期滞在者数・延べ滞在日数の推移を図3-1-1に示す。

図3-1-1を見ると、2011年度に長期滞在者数・延べ滞在日数が大きく伸びている。これは、前述したように、東日本大震災後の節電ブームや猛暑の影響によって、釧路市の涼しい気候が注目を集めたことによるも

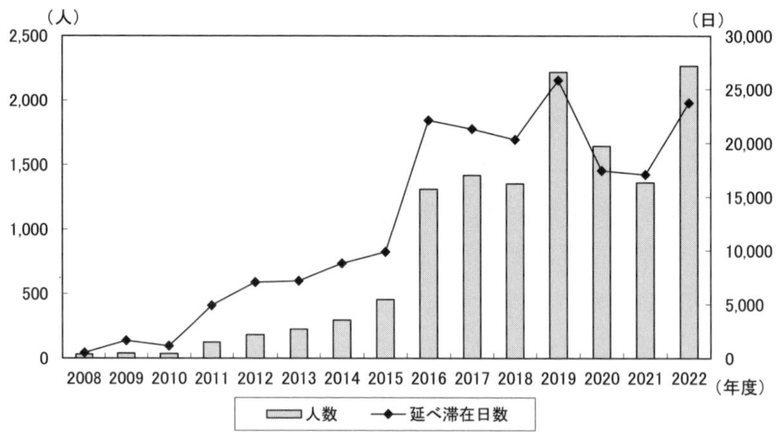


図3-1-1　釧路市の長期滞在者数および延べ滞在日数の推移

（資料）釧路市市民協働推進課提供資料

のと考えられる。また、2016年度からは旅行会社が催行する長期滞在ツアー参加者もデータに加えたため、長期滞在者数が大幅に増加した。しかし、2020年度は新型コロナウイルス感染症の影響により、長期滞在者数で25.9%減、延べ滞在日数で32.6%減と、前年度に比べて大きく減少した。釧路市はコロナ禍においても長期滞在者の受け入れを継続し、市民や長期滞在者が安心できる体制づくりや情報提供を続けた。なお、2022年度はほぼコロナ禍前の水準に戻っている。

釧路市の長期滞在者は60代以上が大半を占めているが、ツアー参加者を除く主たる居住地をみると、関東が1,335人と最も多く、近畿が442人、中部が191人と続き、3地域で全体の86.8%を占めている。また、延べ滞在日数でもこの3地域が全体の80.5%を占めている。

次に、長期滞在者の延べ滞在日数を月別に比較すると、長期滞在者延べ滞在日数全体の61.8%が7～9月に集中し、多くが夏季の涼しさを求めて訪れていることがわかる(図3-1-2)。そのため、長期滞在者が利用するマンスリーマンションは一時的に不足する傾向にあり、毎年訪れる長期滞在者の中には、居住地に戻るときに翌年度分のマンスリーマンションを賃貸契約する人や、通年でマンションを借りている人もいる。

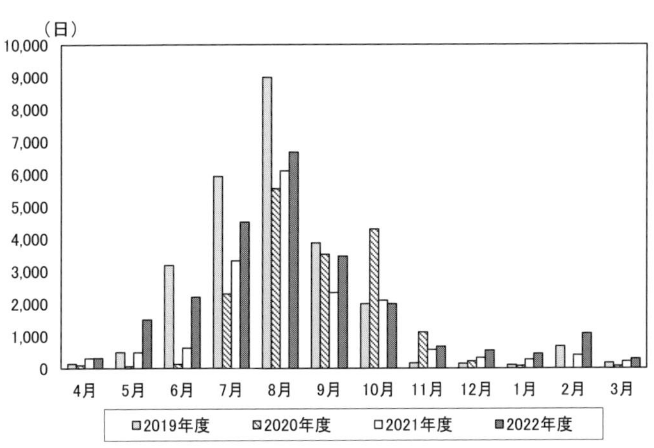


図3-1-2 釧路市の月別延べ滞在日数の推移(2019～2022年度)

(資料)釧路市市民協働推進課提供資料

一方、釧路市は長期滞在施設整備支援事業を通して施設の整備・拡充を図っているほか、「花粉ゼロの快適空間」などの四季を通した長期滞在者の受け入れをめざしている。

また、滞在施設別で見ると、2022年度のマンスリーマンション利用者が179人、ホテル利用者が2,033人、その他が55人で、大半がホテル利用者である。利用者数ではホテルの方が多いが、マンスリーマンション利用者の方が長期間滞在する傾向にあり、ツアー参加者を除くと、ホテル利用者の平均滞在日数が6.9日であるのに対し、マンスリーマンション利用者の平均滞在日数は48.6日と圧倒的に長い。

### ⑹ 満足度が高い旅行会社の長期滞在ツアー

釧路市の長期滞在者はもともと定年が近づき、退職後は涼しいところで快適に過ごしたいと考えていた人が多い。彼らは海外移住も含めて、さまざまな情報を集めた結果、釧路市を選択している。最初から釧路市を長期滞在先に選んだ人もいるが、北海道内の他地域で長期滞在を経験し、釧路市に移ってきたという人もみられる。最近はテレビの報道番組やビジネス研究会が運営するウェブサイト情報、旅行会社が催行する長期滞在ツアーをきっかけに、釧路市で長期滞在を始める人もいる。

この長期滞在ツアーを催行している旅行会社は、2013年に釧路で初めてこのタイプのツアーを商品化し、2016年には同様のツアーを全国各地で展開していった。他地域では6～7日間の旅程が主流であるが、釧路の場合は10日間と長い。10日間の旅程を見ると、1日目と最終日は移動日で、2日目の午前に釧路市の概要や魅力の紹介、他地域への移動方法、緊急連絡先などを説明する約1時間のオリエンテーションが行われる（写真3-1-2）。2日目午後から9日目までが自由行動となっているが、追加料金不要の日帰りオプショナルツアーとして、釧路湿原・阿寒湖、知床、根室・納沙布（のさっぷ）岬、野付（のつけ）半島・摩周湖など、道東の主要観光地を巡る4つのコースが設定されている。旅行会社によると、ツアー参加者の9割が、いずれかのオプショナルツアーに参加している。

写真3-1-2　長期滞在ツアーのオリエンテーションの様子（筆者撮影）

一般的なツアーは観光地を慌ただしくまわるイメージであるが、長期滞在ツアーはゆったりと過ごせる旅程になっていて、ホテルの部屋で本を読んで1日を過ごすツアー参加者もいる。また、1人で参加したツアー参加者同士が意気投合し、一緒に食事や観光地に出かける例もある。

旅行会社によると、ツアー参加者は釧路市の涼しさだけでなく、釧路市を拠点にさまざまな観光地を巡ることができる点にも魅力を感じており、寄港地で観光地を巡るクルーズ船ツアーに近いイメージでとらえているという。ツアー参加者の年齢層も、一般的なツアーに比べると5歳ほど高い。また、長期滞在ツアーの参加者の90％以上が「満足」と回答するほど満足度も高い。その理由として、現地での「もてなし」をあげた回答が多い。釧路の長期滞在ツアーは涼しさが参加のきっかけになっているが、受け入れ側のホスピタリティが最終的な満足度に影響している。たとえば、ホテルに温泉がない場合、ホテル側が近隣の温泉施設に行くバスを用意したり、公営施設を利用できるよう手配したりするほか、他地域に比べてオリエンテーションの内容も充実しているという。その結果、今ではツアー参加者のうち約15％がリピーターで、他のツアーには見られないほどリピート率が高い。

### ⑺ 非日常体験を楽しむ１年目の長期滞在

長期滞在の1年目は、釧路市周辺だけでなく帯広や網走、知床、根室など、道東のさまざまな観光地を周遊したり、本州からフェリーで苫小牧や小樽に入り、釧路市に到着するまでにドライブをしながら観光地を巡ったりする人が多い。また、ビジネス研究会が主催する、釧路市の歴史や自然、文化を学ぶ「地域学習講座」や長期滞在者同士の交流会に参加したり（写真3-1-3）、ゴルフや野鳥観察などの趣味に勤（いそ）しんだり、釧路市が紹介する文化サークルに時間を費やしたりする人もいる。ビジネス研究会はメールマガジンやブログなどでイベント情報などを毎月発信しており、イベント開催やクルーズ船の入港情報など、積極的に情報を収集する長期滞在者もいる。

長期滞在者が共通して述べていることは、買い物や近所付き合い、文化サークルなどで触れ合う市民の温かさや、市役所を訪ねたときの職員の丁寧な対応である。たとえば、「商店街のオーナーやサークルで知り合った方は、皆さん人柄が良く、ウェルカムな雰囲気であった」（大阪府70代女性）、「近所に住む地元の方が訪ねてきて、いろいろなことを教えてくださり、家族ぐるみのお付き合いをしている」（茨城県70代夫

写真3-1-3　長期滞在者同士の交流会の様子（筆者撮影）

婦)、「長期滞在中に毎月4回サークル活動があるが、最初からよそ者として見られているという感じがしなかった」(兵庫県60～70代夫婦)、「釧路に来て3日目にゴルフに行ったが、地元の方が分け隔てなく声をかけてくださり、素直に優しく見てくださる印象を持った」(神奈川県60～70代夫婦)など、市民の親切さや温かさを評価する長期滞在者の声は実に多い。

また、市役所職員に対しても「市役所の職員が長期滞在者にとても親切で、長期滞在者の話をベースに企画を考えてくださる」(大阪府70代女性)、「最初に出会った市役所職員と不動産屋が親切に丁寧に対応してくれたので、マンションを購入することにした」(岡山県60代男性)などと答えている。こうした市民や市役所職員の温かい対応は、長期滞在を始める前に想定していないため、釧路の印象もよくなり、釧路市をリピートする大きな動機につながっている。

ほかにも、神奈川県在住の60～70代夫婦は、2008年から北海道内の他地域で長期滞在していたが、2012年に希望するマンスリーマンションを契約できず、釧路市に移ってきた。釧路市を気に入って毎年夏に訪れていたものの、今度は2019年にいつも借りていた釧路市内のマンションが契約できなかった。それでも、「釧路の人とのつながりがあるので、釧路以外での長期滞在は考えなかった」として、釧路市内の別のマンションを契約して滞在を継続した。このことからも、長期滞在者が市民や市役所職員の温かさやつながりを高く評価し、釧路での長期滞在を選択する実態がうかがえる。

### (8) 地域と深くかかわる2年目以降

釧路市での長期滞在も2年目以降になると、日常生活や文化サークル、趣味などを通して、市民や長期滞在者同士での交流機会が増えていく。たとえば、兵庫県在住の70代女性は、市役所でアイヌ文化を保存・継承する文化サークルの活動を知り、長期滞在中にだけ活動に参加している(写真3-1-4)。また、大阪府在住の60代女性は、釧路市でしか体験できないことに挑戦したいという理由でアイヌ文化に触れたことがきっかけで、今ではアイヌ民族文化財団から委嘱されて「アイヌ文化活動アドバイザー」を務めている。

ほかにも、フォークダンスや水彩画のサークルに参加している人や、市民と長期滞在者が参加するボーリングクラブに参加している人もいて、市民と長期滞在者との交流機会は多い。さらに、長期滞在者が自主的に集まって交流する「ロングステイ有志の会」や、滞在期間中に撮った写真をカレンダーにして披露する「カレンダーを見る会」など、長期滞在者による自主的な活動も盛んに行われている。

こうして釧路市で過ごす時間が長くなるにつれ、北海道らしい大自然だけでなく、丘陵もある景観や幣舞橋からの夕日、屋外広告物の少ない街並み、クルーズ船が入港する様子などの釧路での日常的な風景に、自らの居住地にはない魅力を感じる長期滞在者も少なくない。実際、兵庫県在住の70代男性は「釧路で長期滞在を続けているが、釧路にはまるで北欧のような風情があることに気づくなど、いつも新しい発見がある」と述べている。また、兵庫県在住の60代女性は、居住地で過ごす冬季でも釧路市の天気予報を欠かさずチェックし、「釧路は遠距離恋愛

写真3-1-4　文化サークルに参加する長期滞在者（筆者撮影）

の恋人のような存在」と語っている。さらに、墓地を購入した長期滞在者もいるなど、釧路市との関係が深まっている。

一部の長期滞在者の中には、お世話になっている釧路に何かしたいと考え始める人びともいる。たとえば、兵庫県在住の60〜70代夫婦は「長期滞在を楽しく充実したものにするため、地域の人びとと交流したい」「お世話になっている地域に何かお返しがしたい」と考え、長期滞在2年目に市役所を訪ねたところ、交流会への誘いがあった。そこで釧路川の清掃ボランティア活動を行う「釧路川元気の会」会長に出会い、それ以来長期滞在期間中の毎月2回、ボランティア活動に参加している。

また、神奈川県在住の60代夫婦は釧路湿原自然再生協議会が実施する、湿原植生の回復をめざすヨシ植え作業などの釧路湿原再生ボランティア活動に参加した。そこで顔なじみができると、さまざまな情報が得られるようになり、久著呂(くちょろ)川や温根内(おんねない)ビジターセンター、塘路(とうろ)湖エコミュージアムセンターでのイベントにも参加するようになった。こうした活動にかかわるうちに野草や野鳥に関心を持つようになり、現在は春採湖ネイチャーセンターに頻繁(ひんぱん)に顔を出し、市民と交流したり、花や鳥を観察したりするようになった。

さらに、釧路市では毎年8月に「くしろ港まつり」が開催され、市民踊りパレードが行われている。パレードの様子を見学したある長期滞在者が、市役所職員に自分たちも参加したいと持ちかけた。すると、翌年に長期滞在で釧路市を訪れた際に、釧路市は市民踊りパレードで使用する笠と法被(はっぴ)を用意し、さらには踊りの練習機会も設けた。今では長期滞在者20〜30人が毎年パレードに参加し、市民とともに祭りを楽しんでいる。

ほかにも、大阪府在住の60代女性は、関西で行われる「北海道移住交流フェア」に自ら参加し、釧路市での長期滞在の経験を来場者に自発的に伝えていた。そればかりか、「老後に備えて釧路市内に介護施設を予約した」という長期滞在者もいる。

このように、彼らは長期滞在先の釧路市でさまざまな地域活動やサークル活動にかかわっているが、必ずしも居住地での地域活動に積極的に参加していたわけではない。もちろん、サークル活動やスポーツを楽しんでいる人もいるが、「現役時代は仕事が忙しかった」(神奈川県60代夫婦)、「両親の介護が忙しく、活動に参加できなかった」(大阪府60～70代夫婦)など、居住地では自治会活動に協力する程度の薄い付き合いであることが多い。また、普段の忙しさからの解放や生活のリセットを求めて長期滞在しているうちに、釧路市で新たな活動にかかわろうという意欲が芽生えることもある。さらに、市民や市役所職員の温かい対応に応えたいという気持ちや、長期滞在期間中だけであれば役員などを引き受けることもなく、ほどよい距離感でかかわることができる点も、地域活動へのかかわりを促進する要因になっている。

多くの長期滞在者が釧路市に親しみを持ち、地域活動にも参加しているが、釧路市への「移住」を考えている人は少ない。もともと涼しさを求めて訪れているので、「寒い時期は釧路で過ごしたくない」と答える長期滞在者が多い。また、居住地での近所付き合いが続いていたり、不動産を残していたりすると、完全に生活の場を釧路市に移すことは難しい。釧路市に不動産を所有する長期滞在者も、ほとんどが居住地にも不動産を所有する二地域居住者である。釧路市と居住地を行き来できる間は二地域居住で長期滞在を続けたいと考えている人が多い。

### ⑼ 釧路市役所の充実したサポート体制

ビジネス研究会も含めた、釧路市の長期滞在者向けのサポート内容をみてみよう。釧路市役所では「市民協働推進課」が長期滞在者の窓口となり、ワンストップサービスを実現している(写真3-1-5)。そして、正規職員のほか、長期滞在事業推進員2人を配置し、長期滞在者からのさまざまな問い合わせに対応している。長期滞在者の多くは市役所職員の親切な対応を高く評価しており、お世話になった職員の名前を具体的にあげる人も少なくない。長期滞在を終えて居住地に戻る際に、市役所に挨拶に来る長期滞在者もいる。

写真3-1-5　市民協働推進課職員と談笑する長期滞在者（筆者撮影）

釧路市では、長期滞在者向けのサービスとして、市民と同じように図書館で本を借りたり、博物館や美術館、スポーツ施設を割引料金で利用したり、生涯学習センターの講座を受講したりできる「くしろステイメンバーズカード」を無料で発行している。このカードは、旅行会社の長期滞在ツアー参加者も対象に含まれ、オリエンテーションのときに案内されている。また、長期滞在に関するウェブサイトやパンフレットを作成しているほか、北海道移住交流フェアなどで長期滞在をPRしている。

一方、ビジネス研究会では2009年度から、前述した「地域学習講座」や長期滞在者同士の親交を深める交流会を、多くの長期滞在者が訪れる7～8月に開催しているほか、毎月メールマガジンやブログで釧路市内のイベント情報などを長期滞在者に向けて発信している。夏季は釧路、冬季は沖縄で長期滞在している兵庫県在住の70代夫婦は、「釧路は市役所のサポート体制がとても充実している」と語っている。

前述した釧路川の河畔清掃ボランティア活動は、長期滞在者が釧路市役所に問い合わせ、職員が交流の場を紹介したことでかかわりが実現した。「くしろ港まつり」の市民踊りパレードも、長期滞在者が市役所職員に参加したいと話したことで実現し、それが現在も続いている。当時の担当職員は「釧路での長期滞在を楽しんでいただきたいと思った」と語っていたが、こうしたマインドは現在の職員にも受け継がれている。

一方、長期滞在者の中には、海外を含む他地域での滞在経験を持っている人も少なくないので、多くの職員が「他地域での生活経験が豊かな長期滞在者と話すこと自体が貴重な体験で楽しい」と語っていた。さらに、数多ある長期滞在先の中から釧路市を気に入って訪れている人びとであり、外からの目線で釧路市の良いところを学べるとも話していた。長期滞在者は釧路市を気に入って選んでいるので、好意的に受け止める傾向があるが、そうした彼らの反応や評価を直接的に感じられることも、積極的にニーズに応えようとする要因につながっている。

### ⑽ 市民による長期滞在者のサポート

釧路市では、市役所が長期滞在者に向けてさまざまな事業を実施しているが、前述したように、長期滞在者はさまざまな場面で触れ合う市民の温かさも高く評価していた。たとえば、長期滞在者を受け入れている文化サークルの代表は、「長期滞在期間だけでも参加していただき、私たちの活動が広まってくれれば、それだけでありがたい」と述べ、長期滞在者を歓迎していた。また、NPO法人グローカルみらいネットは7～9月の毎週金曜日、釧路フィッシャーマンズワーフMOO内の「くしろグローカルぷらざ」で「ポストクラブ」を開催し、長期滞在者が気軽に足を運び、市民と触れ合う場を設けている（写真3-1-6）。グローカルみらいネットのメンバーも「長期滞在の方々からいろいろな話を聞き出すことが楽しい」と語っている。

釧路市役所は「長期滞在者数が10年連続北海道で1位」などといったポジティブな情報を、市民に積極的に発信している。釧路市では人口減少が続き、主要産業である製紙工場が撤退するなど、地域衰退の危機感がある中で、マスメディアもこうした情報を肯定的に取り上げている。これらのことから、市民が長期滞在者を好意的に受け止めていると考えられる。実際、コロナ禍の期間も含め、多くの市役所職員が「長期滞在

写真3-1-6　交流の場である「くしろグローカルぷらざ」(筆者撮影)

事業に対する市民からの否定的な反応はほとんどない」と答えていた。

さらに、長期滞在者が滞在期間中に市内の飲食店や小売店などを訪れたり、文化サークルやボランティア活動に参加したりする中で、市民が長期滞在者の存在を知り、交流が深まる例も多い。大阪在住の70代女性は、「釧路の方は気さくに声をかけてくださるが、根掘り葉掘り尋ねてくることはなく、ほどよい距離感でお付き合いできる」と述べている。こうした釧路の市民性について、第二次世界大戦後に水産業や鉱業、製紙業などの雇用を求めて流入人口が急増したことや、道東の拠点としての支店経済機能を持ち、また人事異動も多いことから、人口に占める釧路出身者の割合が比較的低いため、市民と移動者をあまり区別しないことが背景にあるのではないかと市役所職員は分析していた。

### ⑾ 長期滞在者との新たな関係づくり

ここまで、釧路市を訪れる長期滞在者の動向と、市役所や市民の受け入れ体制について整理してきた。涼しさを求めて釧路市を訪れる長期滞在者は、もともと第2章図2-1の①「商品やサービスの消費や非日常体験を求める移動者」や②「アメニティや地域とのつながりを求める移動者」である。しかし、長期滞在中に④「地域課題の解決や理想的な地域の実現をめざす移動者」に変化する人びとも現れる。長期滞在者のこうした変化のプロセスを読み解いていこう。

まず、地域側と長期滞在者のタッチポイント（接点）の形成である。釧路市では、長期滞在事業に取り組み始めた当初、長期滞在者が何を求めているのか、どのようなことに困っているのかなど、長期滞在者に関する情報がほとんどない状況であった。そこで、市役所に長期滞在に関する問い合わせの電話があれば、市役所から電話をかけ直し、長期滞在を検討中の人に動機や困りごとなどを尋ね、情報を集めていった。現在もビジネス研究会の会員の協力を得ながら、長期滞在者に関する詳細なデータを収集し、施策に役立てている。また、長期滞在者にくしろステイメンバーズカードを交付したり、長期滞在事業を担当する職員を配置したり、長期滞在ツアーのオリエンテーションに市役所職員が出向いたりするなど、さまざまな工夫で地域側と長期滞在者のタッチポイントを形成している。加えて、グローカルみらいネットもポストクラブで長期滞在者とのタッチポイントを築いていた。

タッチポイントで長期滞在者からさまざまな情報を収集した地域側は、彼らのニーズに応えるため、市役所が中心となって具体的な取り組みを進めていった。前述した釧路川の清掃ボランティア活動や「くしろ港まつり」の市民踊りパレードへの参加は、市役所職員が長期滞在者の要望に応えて実現した。ある長期滞在者は「市役所の職員は長期滞在者の話をベースに企画を考えてくれる」と話していたが、長期滞在者にとって市役所は自分たちのニーズに応えてくれる存在となっている。

一方、市役所職員にとっても、長期滞在者のニーズに応えることがモチベーションの向上につながっている。釧路市では、2011年に長期滞在者数・延べ滞在日数が道内で1位になって以降、それを継続することが1つの目標となっている。また、前述したように、市役所職員が長期滞在者との交流そのものを楽しんでいるほか、グローカルみらいネットのメンバーも「長期滞在者は、私たちが知らないような釧路のことまでよく知っている」と話し、長期滞在者との交流を貴重な機会ととらえている。

しかし、最近の釧路市では、地域側が長期滞在者のニーズに応えるだけでなく、地域側のニーズに長期滞在者が応える動きも見られる。たとえば、前述した「地域学習講座」は長期滞在者の興味・関心に合わせてテーマを選定していたが、2022年度は「JR釧網本線で行く！塘路ヒストリーツアー～自然、歴史、魅力～」や「富貴紙の秘密を知る～北のビーナス・音別地域へ～」といった講座が開催された（写真3-1-7）。前者は鉄道を利用して市民と長期滞在者が交流しながら沿線の魅力を楽しむツアーであるが、利用者が著しく減少している鉄道の利用促進を意識したものとなっている。また、後者は釧路市音別地域の伝統工芸品であるフキの皮を原料とした手漉き和紙「富貴紙」の製作体験であり、これも伝統工芸品の普及の一助になることをめざしている。

ここまで見てきたように、釧路市で夏季を過ごす長期滞在者は、冷涼な気候や豊かな地方都市の生活環境という理想的な環境を求めるユートピア志向または豊かな消費体験を求めるメリット志向である。いずれの場合も長期滞在者が「消費者」であることに変わりはない。しかし、市

写真3-1-7　鉄道の利用促進をめざしたツアーの様子（筆者撮影）

役所職員の働きかけや市民との出会いによって、文化サークルや地域の祭り、ボランティア活動などへの積極的な参加機会を得たことで、消費者から価値創出者に転換する人が現れている。

それは、長期滞在者が地域の祭りやボランティア活動の実施側に移ったことからも明らかである。価値を創出する側に移るには、地域資源へのアクセスや地域の意思決定システムへの関与に正当性が認められる必要があるが、それは市役所の仲介や市民との交流によって進められた。

こうした動きに市民の反発、つまり長期滞在者が地域にかかわることに対する抵抗はなかったのか。これに関しては、市役所職員の分析を紹介したように、市民と来訪者をあまり区別しない釧路の市民性が影響しているものと考えられる。

このように変容した長期滞在者は、同じように図2-1の④に分類される「関係人口」と呼ばれる移動者と同じポジションになる。そのため、長期滞在者の活躍は釧路市にとっても歓迎すべきことであった。こうした地域の人びとと移動者の相互関係を「互酬」と考えることもできる。しかし、このように変容した長期滞在者は一部に過ぎず、その大半は地域側によるサービスを受け取る享受者のままであり、釧路市と長期滞在者の「関係の非対称性」は変わっていない。今後、長期滞在者との関係がますます多様化するにつれ、それは徐々に解消していくと予想されるが、本当の意味での互酬関係に至るには、しばらく時間を要するであろう。

釧路市では、快適な生活を求めて訪れた長期滞在者と地域側がさまざまなタッチポイントを通じて交流を深めた結果、地域で生み出されたものを消費する消費者から、課題を解決するための価値創出者に変容し始めていた。そこには、市民や市役所職員による長期滞在者との「移動縁」を生み出すタッチポイントをつくり出せたことが大きい。こうした「移動縁」については第5、6章で改めて整理するが、利己的な目的で訪れた移動者であっても、地域活動を通して地域で価値を創出する移動者に変容する可能性は十分にある。

## 2. 憧れのシマ暮らしを求める移住者
## ——鹿児島県与論島

与論島では、よそ者である移動者は「たびんちゅ」と呼ばれる。一方、地元民は自分たちのことを「しまんちゅ」と呼ぶ。本節では、憧れの暮らしを求めて与論島に移住したたびんちゅに焦点を当てる。彼らはなぜ与論島に移住したのか。そして地域社会やしまんちゅとの関係から、地域社会の中で自分自身をどのように位置づけているのだろうか。

### ⑴ 移住者の楽園・与論島

与論島は東京から約1,400km、沖縄本島の北20kmほどに位置する、奄美群島にある鹿児島県最南端の島である。面積20.58km$^2$、周囲23.7kmの小さな島で、約5,000人が暮らしている。島は温暖な亜熱帯の気候で、年平均気温は23度、1年を通して過ごしやすい。島にはハイビスカスやブーゲンビリアなどの熱帯性植物が年中花咲き、サンゴ礁の青い海と白い砂浜、そして島の緑のコントラストが一体となって、人びとを惹きつけてやまない魅力を形成している。与論町のウェブサイトの解説によれば、「東洋の海に浮かび輝く一個の真珠」と評されている島である[1)]（写真3-2-1）。

アクセスに関しては、東京など大都市から与論島への飛行機の直行便はなく、鹿児島や沖縄で乗り継ぎ、片道4時間以上かかる。知名度の高い沖縄本島や奄美大島、石垣島と比較すると、観光客から積極的に訪問先の候補にあげられる島ではない。1970年代の離島ブーム時期には、年間20万人ほどの観光客が訪れていたが、それも1980年代には落ち着き、現在は7万人ほどとなっている。

「たびんちゅ」という言葉があるように、与論島にもよそ者である移動者が移住してきている。彼らはどちらかが「しまんちゅ」（与論島出

---

1）与論町（公式）Webサイト（https://www.yoron.jp/ 2023年5月8日アクセス）を参照のこと。

写真3-2-1　温暖で風光明媚な与論島の景観（筆者撮影）

身）で、どちらかがたびんちゅの夫婦として暮らしていることが多い。つまり、島との地縁・血縁を持った移住者である。しかし、地縁・血縁を持たない、いわゆるＩターン者も存在する。

本節で取り上げるのは、後者の地縁・血縁のない４人の移住者である。夫婦のいずれかがしまんちゅの場合は島で暮らす理由が比較的明確であるのに対し、地縁・血縁のない移住者は必ずしも島で暮らさなければならない理由があるわけではない。ただ、４人の移住者に共通していたのは、憧れの暮らしを求めた結果、たまたま与論島を見つけたことであった。

### ⑵ 人口減少と高齢化が進む農業中心の島

与論島は一島一町、つまり島内の自治体は与論町だけで、集落は茶花、立長、城、朝戸、西区、東区、古里、叶、那間の９つに分かれている。中心地は茶花集落で、与論町役場もここにあり、商店や飲食店が多く立地している。

1960年頃まで8,000人前後であった与論町の人口は、1960年をピークに減少し、2020年には5,115人にまで減少した。1995年から2015年の20年間における与論町全体の人口減少率は16.5％であった。茶花集落の人口減少率は6.4％だが、それ以外の集落はすべて２桁の減少率を示している。特に、西区や叶集落の減少率は30％を超えており、集落別人口減少率の平均を大きく上回っている。また、与論島も国内の他地域と同じく高齢化が進行している。1995年から2015年の20年間で80歳以上が顕著に増加しており、2015年には全町民のうち約40％が60歳以上となった。島内では、「60代はまだ若手」と言われ、島の産業や行事の主要な担い手とされている。

現在の与論島の基幹産業は農業であり、農業就業者は人口の3割を占める。サトウキビやサトイモ、インゲンなどの野菜生産、ソリダゴやトルコギキョウなどの花卉栽培がさかんで、近年では畜産業も生産額を伸ばしている。それ以上に流通や飲食業、その他のサービス業が全就業者数の4割以上を占めている。農業を中心とした産業構造だが、製造業の就業者数の割合は低く、サービス産業化が進んでいる。

### ⑶ 与論島のよそ者「たびんちゅ」

本節は、2016年に行った4人の移住者のインタビューに基づいている[2)]。4人は男性3人、女性1人で、年齢層は30代から70代、出身地はそれぞれ東京、大阪、宮城、静岡である。

移住してから1年未満のAさんとBさんは、地域おこし協力隊員として来島した。しかし、彼らの志向は第2章の図2-1で示した④「地域課題の解決や理想的な地域の実現をめざす移動者」ではなく、憧れの南の島へ移住したいという思いから与論島を選んでいた。過ごしやすい自然環境や優しい人びとの住む土地という条件で移住先を探していたところ、たまたま地域おこし協力隊員を募集していた与論島を見つけた。次に、移住後7年のCさんは、移住前から数十年にわたって島とのかかわりを持っていたが、必ずしも強い意志で与論島に移住したのではない。最後のDさんは、4人の中で最も移住してからの期間が長く、移住して42年

2）本節の分析は、2016年度の琉球大学国際沖縄研究所（現島嶼地域科学研究所）と鹿児島大学との共同研究「移住者が社会の多様性を促進する要因に関する研究：与論島と諏訪瀬島の移住者の意識調査」により得られたデータに基づいている。なお、インタビューは、本節筆者の馬場武と市川英孝（鹿児島大学法文学部）が2016年10月に与論町内で実施した。

になる。

彼ら4人はいずれも、計画的というよりむしろ、偶然のきっかけで与論島に移住してきた。いわば受動的な「移動縁」にもかかわらず、彼らは現在まで主体的に島の社会にかかわり、地域社会と関係性を築いてきた。しまんちゅからも受容されていると思われる彼らだが、彼ら自身の認識は「私はたびんちゅである」と共通している。一番長く与論島にかかわってきたDさんの認識でさえ、依然としてよそ者である。そして、今もよそ者として与論島を愛し、その地域社会と共に歩んでいる。4人のたびんちゅは、よそ者である自分を与論島の地域社会の中でどのように位置づけているのだろうか。移住期間の短い順に、4人それぞれの認識を見ていく。

### ⑷ しまんちゅとたびんちゅの通訳になりたいAさん

与論島在住歴半年のAさんは、大学での交換留学を機に中国の大学院に進学し、25歳で帰国、その後都内の一部上場企業に就職した。当時は、製造業の生産拠点を求める中国進出が盛んで、中国語が堪能なAさんは、現地工場の中国人管理職を日本で育成するプログラムの担当者になった。その仕事から、Aさんと中国人との公私を問わない付き合いが始まる。彼らを日本各地に案内しているうちに、観光業界に興味を持つようになるが、折しも当時はインバウンド観光が拡大してきている時期で、伸びている業界への転職は有利だと思えた。

その矢先、東日本大震災が起きた。Aさんの実家は宮城県で、Aさんの妻の実家も茨城県北部であったので、震災直後は子どもの健康に対する放射能の影響を心配する声も多かった。そのため、転職に伴って双方の実家近くに移住することを考えていたAさん夫婦は、別の移住先を考えるようになる。移住先の候補地として、山梨県や長野県など、複数の地域を検討し、休みを利用して現地の移住者コミュニティを訪ねてまわった。Aさんの妻には漠然と「住むなら南の島がいい」という思いがあり、離島もいくつか巡った。そのときの候補の1つが、2人が新婚旅行で訪れた与論島であった。

1週間の新婚旅行だったが、与論島のサンゴ礁や青く澄んだ海は、以前行ったことがあるハワイよりも彼らには魅力的に映った（写真3-2-2）。滞在中にしまんちゅの優しさにも触れ、こういうところで子育てできたらいいな、という憧れを抱いた。とりわけ、島内には学校や病院、スーパーもあって、小さい中にもすべて完結している印象を受けた。そんなとき、たまたま地域おこし協力隊の募集を見つけたＡさんは、すぐに履歴書を送った。

移住前のＡさんは、長時間勤務が常態化しており、朝6時から夜中まで建物の中といった生活で、陽の光を見ることもほとんどなかった。そのため体調を崩すことも多く、生きている実感がだんだん薄らぐ中で、このまま東京で生活を続けていいのかという疑問を持った。たとえ収入が減っても、人間らしい生き方をした方がいいのではないかという思いが、移住実行を後押しした。Ａさんが移動者として与論島にやって来た理由は、もともとアメニティや地域とのつながりを求めていたからであり、そこにはユートピア志向があった。

地域おこし協力隊として移住し、半年経った現在のＡさんは、「無理して定住する必要はないかなと思っています。やっぱり住んでみて合わないと思うところもあるし」と答えている。地域社会での人付き合い、中でもお酒の付き合いがネックになっている。というのは、与論島では、

**写真3-2-2　南国の雰囲気に包まれる与論島の港**（筆者撮影）

お酒が重要なコミュニケーションツールだからである。毎晩のようにどこかの集まりで、与論島名産の黒糖焼酎が一升瓶で2、3本空になっていく。また、焼酎を回し飲みする与論島独特のおもてなしの儀式もある。しまんちゅにとっては大事な文化である。

Aさんは自分の健康を考え、壮行会など外してはいけない集まりには必ず参加するが、それ以外の普段の飲み会はできるだけ減らしている。都会からの移住者にとっては、与論島での暮らしでは人と人との距離が近すぎると考えている。

たびんちゅとして、仕事を通じて地域社会のプラスになることで、地域に溶け込むことをAさんは目標としているが、決して無理して溶け込まないという。それは、第2章の表2-1の②「孤立」を招くことにもなる。

Aさんは、しまんちゅは無意識のうちに、たびんちゅを自分にプラスかどうか判断していると感じると話す。

「シマ[3]の人たちは、いい人は受け入れる。(たびんちゅの) 様子を見ている感じがする。この人はシマにとってプラスなのかマイナスなのかを見てて、マイナスな奴はあっち行けってなるけど、プラスの人はいいよ、いいよって感じがある」

「旅に来た感覚のままで、別荘感覚のままで来てしまうことを与論の人は求めていないので、そういう人は大体帰っていきますよ」

これは、表2-1での①「離脱」である。せっかく馴染んだ地域から出ていくことである。

与論島におけるたびんちゅのゴールは、地域の人びとからたびんちゅと認識されないことなのかもしれない。しかし、Aさんは留学時代と会社員時代に、異文化への無理解が原因で外国人と幾度もトラブルとなっ

3) 基本的に、与論島を地理的に表現する場合は「島」、島内のコミュニティを指す場合は「シマ」と記述した。

た経験から、たびんちゅがしまんちゅを理解し溶け込むだけでは十分でないと考えている。それは表2-1の④「共生」ではなく、おそらく同調することなのだろう。

「移住して来るたびんちゅの中には、調子のいいときだけ島の人で、後はほっといて、みたいな。草刈りや奉仕活動は嫌だとか、飲み会は嫌だとか言ってしまう人がいる」
「でも島の人も、たびんちゅがなんで嫌だって言うんだろうっていうのを知ってあげなきゃいけないと思う」

しまんちゅからすると、上記のような移住者は、自分たちにとってマイナスなたびんちゅである。しかし、「与論島のしまんちゅは控え目で主張するのが苦手だから、しまんちゅ自身も、こんな人に来てほしいとはっきり主張すべきだ」とAさんは考えている。だから、移住から半年が経って、しまんちゅとたびんちゅを仲介する通訳になりたいと思えるのだという。

Aさんは自分自身をたびんちゅだと認識し、定住が目標ではないと考えている。しまんちゅとのインフォーマルな関係性を豊かにするよりも、仕事を通じて島の地域社会にとって必要な存在であると認識してもらうことをめざしている。これは、第2章図2-1の④「地域課題の解決や理想的な地域の実現をめざす移動者」の姿であろう。

一方、人間らしい生活を求めてシマにやってきたAさんにとっては、自分は与論島の地域社会にとって、しまんちゅなのか、たびんちゅなのかという問題よりも、穏やかで住みやすい与論島の環境の中で、人間らしく生きていきたいという願望の方が重要なのかもしれない。この意味では、図2-1の②の「アメニティや地域とのつながりを求める移動者」といえる。

### ⑸ 憧れのシマ暮らしで定住をめざすBさん

移住から約1年経つ女性のBさんは、静岡県の実家で18歳まで暮らしてきた。大学時代は京都府で過ごし、京都府と静岡県でいくつかの仕事を経験した後、東京都の高齢者サービス関連企業に就職した。異動先の神戸市で企画運営業務に従事した後、与論島に移住した。

「シマ（離島）での暮らしをしたかったんです。一人旅で、沖縄の島を転々と旅するのが好きで、島で暮らしたいっていう気持ちはありました」

シマ暮らしへの憧れはあったものの、実際にはなかなか実現する機会が得られなかった（写真3-2-3）。そこで、地域おこし協力隊をきっかけにしようと思い立ち、応募を決めた。派遣先として与論島を選んだ理由は、何となく与論島との相性が良いと感じたからだった。移住前に与論島を訪れたときに会った人びとの印象も良く、生活インフラの充実度などもBさんにとって申し分なかった。

Bさんは、地域おこし協力隊員として移住してきたので、図2-1の④

写真3-2-3　移住者を魅了する美しい海岸（筆者撮影）

の「地域課題の解決や理想的な地域の実現をめざす移動者」にみえる。しかし、どちらかというとシマ暮らしへの憧れの方が強く、図2-1の②の「アメニティや地域とのつながりを求める移動者」といえよう。

「本当にここに住めるかなって考えながら（与論島を）まわっていたときに、うん、いける、いけるだろうって思ったんです」

憧れのシマ暮らしのスタートを後押ししたのは、Bさんの直感だった。本当は人口200人くらいの離島がよかったが、あまり不便な島だと家族の反対が強いと思った。与論島を選んだのは、周囲に心配をかけたくない気持ちもあった。

与論島に住んで1年経つBさんの暮らしの中で、しまんちゅに拒絶されると感じたことはない。人の中に入っていきやすい島であると思う。しかし、しまんちゅ同士の会話は方言で交わされることが多く、単語レベルで標準語と違いがあるため、たびんちゅは方言を話すしまんちゅ同士の会話に入るのに苦労する。Bさんもなかなかしまんちゅ同士の会話には入っていけず、ときに疎外感を覚える。一方、自分から輪の中に入っていけば受け入れてくれる。商店のお母さんも、おかえり、いってらっしゃいと言ってくれる。顔の見える関係を築けており、それが気楽だと感じている。Bさんは、とりあえず②「孤立」（表2-1）することはなかった。

Bさんは移住後、しまんちゅとのインフォーマルな関係の構築と交流を楽しんでいる。地域社会への文化的な違和感もほとんどなく、苦手な運動系の行事以外は、声がかかった集まりにはほとんど参加している。半年経った頃から、「地元民として受け入れられた、やっと大丈夫だと思えるようになってきた」と感じている。彼女は今、与論島に住む具体的なメリットではなく、理想の環境や社会を手に入れ始めた。

「定住しますって言ってても、シマと合わずに帰っていった人が多いんだと思います。ここに住みますよっていうとみんな喜んでくれるけど、本当にちゃんとここに馴染んでくれるかなっていう目で見られている気がしてたんですが、半年経ったら、大丈夫だと思ってくれている気配とか言葉とかをもらうこともあり、馴染んだかなって（思っています）」

与論島において、飲み会は重要なコミュニケーションの場である。与論島のしまんちゅはお酒を飲めるか、体を壊して飲めなくなったかのどちらかだというくらい、お酒が日常に溶け込んでいるとＢさんは思っている。飲み会の席で、しまんちゅから「Ｂさんといるとほっとするんだよ」と言われたときには「やった」と思ったという。また、下の名前で呼んでくれる人が増えたことも嬉しかった。与論島では、多くのしまんちゅは親しみを込めて、互いを名前か「ヤーナー」で呼び合う。ヤーナーとは、生まれたときに付ける名前のことで、しまんちゅは戸籍名以外にヤーナーを持っている。Ｂさんもヤーナーを付けてもらえた。

しまんちゅに受け入れられたと思うエピソードを嬉しそうに語るＢさんは、島に定住する予定でいる。憧れのシマ暮らしを実現させて1年、Ｂさんはしまんちゅたちに受容されてきたと実感する機会も増え、日々の生活に喜びを感じている。ただ、このまま単身でたびんちゅとして与論島に定住するのが難しいとも感じている。

現在のＢさんにとって移住から定住へのカギは、与論島でパートナーを見つけることだ。結婚すると落ち着ける自宅も手に入るし、生活も保障されると考えている。家に神様が宿っているといわれる与論島では、空き家はたくさんあっても、家を借りたり買ったりするのは一苦労である。家を借りる、買うということは、そこにいる神様のお世話も一緒にするということになるからだ。親戚でもなく、すぐに出ていく可能性もあるたびんちゅに対しては、神様のことまでお願いできない。

「結局、与論島に定住できた方っていうのは、しまんちゅと結婚している人ばかりだ」

Bさんは今、現実に直面している。

### (6) いつまでもたびんちゅでいようと思っているCさん

幼少期を東京で過ごしたCさんの与論島とのかかわりは、沖縄返還前の1964年頃に遡る。島とのなれそめは、都内の大学で写真を学んでいた頃に、友人と日本最南端の与論島行きを企画したことである。与論島の資料は当時、身近ではほとんど見つからなかった。与論島では本土の食べ物を手に入れるのに困るだろうと思い、段ボール2箱のインスタント食品を抱えて、東京から夜行列車と船で4日間かけて与論島にたどり着いた。渡船に乗り込むときに見た、振り向きざまの朝焼けの海の美しさが記憶に残る。

実際与論島に着くと、食べ物に困ることはなかったが、持参したインスタントラーメンが、与論島の子どもたちとの交流に役立った。おかげで子どもたちとはすぐ仲良くなった。その後、1か月ほど島で過ごしたCさんは、その体験が今の自分の暮らしにつながっていることに不思議さを感じている。それから大学卒業まで、大学が休みのたびに与論島を訪れた。

卒業制作のために与論島で撮影した写真が認められて、Cさんは1966年にドイツの写真大学に留学した。大学卒業後、東京で広告の仕事を始めて2年ほどたった頃、クライアントの広告代理店がフランクフルトに駐在事務所を開設することになり、ドイツに詳しいCさんに駐在員のオファーが来た。Cさんは再び渡独することとなり、2年のドイツ駐在を経たのち、東京で広告制作会社を開業した。

与論島で撮影した写真をきっかけにCさんは活躍の場を世界へと広げ、広告制作の最前線で活動してきた。その間も与論島の人びととの交流は続き、与論島の知り合いが東京に来る際には一緒に旅行したり、友人や家族と与論島に旅行に出かけたり、細く長く島の人びととつながってきた。

そして、初めて与論島を訪れてから44年後の2008年に、「365日毎日シマにかかわろう」という思いから、ついに与論島に移住する。まさにそのときCさんは65歳になっていた。これまでも、細く長くつながっていた与論島へ移住を決めたのは、制作活動の中心であった写真で取り上げたいテーマの原点が、与論島での経験であることを再認識したためである。しかし一方で、移住にあたってCさんは「島では仕事をしない」ことに決めて来た。

こうした意図を持って移動してきたCさんは、図2-1では②の「アメニティや地域とのつながりを求める移動者」である。

「私が仕事を始めると、これまで働いていた方の仕事を奪うことになりますから」

それでも、いろいろとアドバイスはしていきたいと考え、しまんちゅに本物を体験してもらおうと、年1回の文化イベントをしまんちゅと共にボランティアで開催している。矛盾するようだが、この点ではCさんは島で自ら価値を生み出しているので、彼は図2-1の④に該当する「地域課題の解決や理想的な地域の実現をめざす移動者」である。また、地域との関係は表2-1によれば④「共生」である。

「自分はいつまでもたびんちゅでいようと思っています。外から見た考えを、うまく伝えられればいいと考えています」

Cさんのスタンスは、常にたびんちゅでいることであり、与論島の地域社会に対して独自の距離感を大切にしている。だからといって、しまんちゅと心理的な隔たりがあるわけではない。与論島に移住して7年経った現在も、しまんちゅから地元民のように受け入れられているのかわからないが、内輪の話もよく聞かせてもらうので、受け入れられているのではないかと感じている。そして、Cさんは与論島が好きで住んでいる1人として、たびんちゅの目線で与論島の将来を見つめていきたいと考えている。

「たびんちゅがしまんちゅに押し付けるだけでなく、しまんちゅが納得できるアイデアを（提案すべき）。たびんちゅの思う与論島としまんちゅが思う与論島について議論できるといいかな。シマの方向性を見つめるためには、もっと俯瞰的な見方を取り入れるべきです」

Cさんの地域社会との距離を置いた付き合いはまだまだ続く。

### ⑺ 40年住み続けてもたびんちゅのDさん

最後に取り上げるのは、与論島に移住して42年になるDさんである。彼は、工芸細工工房を主宰している。大阪出身のDさんが与論島に本拠地を移したのは25歳のときである。Dさんが移住した1970年代は、観光ブームのおかげで若い人たちが与論島にたくさん来た。Dさんもその1人で、知人の誘いに乗って民宿の調理場を手伝うために、気軽な気持ちで島にやって来た。本当に「ひと夏」のつもりで与論島にやって来たが、与論島に住み始めたのは、まったくの偶然みたいなものだったという。

島に来る前のDさんは写真家を志していて、カメラを抱えてアジアを放浪していた。与論島でも海外へ行くための資金を貯めながら写真を撮ろうと思っていた。当時の与論島は被写体としても魅力的だった。裸足で駆け回る子どもや籠を頭に乗せて買い物をする女性、茅ぶきの民家からは天窓の灯りの下で紬（つむぎ）を織る音が聞こえる。こうした与論島の日常を写真に収めたいとDさんは考えていた。

定住のきっかけは、現在の工房が立地する土地を知人から購入できたことだ。観光ブームに乗じて商いをしていた知人の商売が立ち行かなくなり、土地の購入を頼まれた。海外に行くために貯めていた資金で購入した土地を、2か月かけて自分で整地して水道を引き、家を建てた。そこから42年にわたって与論島に住むことになる。Ｄさんの妻も東京から来たたびんちゅで、与論島旅行に来たときにＤさんと出会った。

与論島に42年間住んで、地元の人からしまんちゅだと認識されたと実感したことはあるかとＤさんに尋ねると、正直な答えが返ってきた。

「自分は40数年住んだって、これはずっとたびんちゅなんですよ。江戸でも３代住んだら江戸っ子っていうでしょ。それはどこでもと思う。だから孫になればしまんちゅなわけですよ」

Ｄさんは、自分や自分の家族が地域社会に根付くのは、孫の代になってからだと考えている。

それでも、自分がしまんちゅに認知されていることを嬉しく思ったエピソードもある。Ｄさんが移住して20年くらい経った40代初め頃、腰痛で身動きが取れず、救急車で診療所まで運ばれたことがある。そのとき、随分と離れた近所の人びとが連れ立って診療所まで来てくれて、みんな揃って「どうしたの、どうしたの」と心配してくれた。Ｄさんは、自分も認知されているのかなと思い、とても嬉しかったという。

しかし、「パラジ」と呼ばれる親戚同士のつながりや幼少期からのつながりなどで形づくられている与論島の地域社会で、よそ者であるたびんちゅが受容されることはやはり容易ではない。長い時間を与論島で暮らしても、十分ではない。

「私にはシマに親戚がいないけど、移住して20年過ぎたあたりから、親戚付き合いに近い関係の人たちがだんだんと増えてきて、自然と認知されるようになった」

与論島で暮らすには、しまんちゅとある程度かかわる必要がある。しまんちゅ同士のつながりが強いのが与論島の良さだが、定年してから夫婦で移住してきて島の地域社会に馴染むのは難しいとＤさんは考えている。

「他の島と比べると、たびんちゅの割合が多いのは確かですよ。うちは夫婦ともたびんちゅだけど、夫婦のどちらかがたびんちゅっていう人もいっぱいいますよ。嫁として家に入ると大変ですよね。旦那だけじゃなくて、そこに歴史があるわけだから。つながりとかね」

若い頃に海外を飛びまわっていたＤさんは、しまんちゅが形成してきた与論島の慣習や文化の違いに違和感を覚えることもなく、むしろおもしろさを感じている。カルチャーショックを体験することは、旅に出かける意味の１つだとＤさんは考えている。彼は与論島に40年以上住んでいるが、いまだにたびんちゅとしてシマの社会と付き合っている。

### ⑻ 移住者の認識と地域社会の受容

ここで取り上げた４人の移動者に共通しているのは、移住の目的がユートピア志向であることだ（写真3-2-4）。彼らの移住のきっかけや目的には濃淡はあるが、地域の人びととの交流や、より理想的な暮らしや環境を求めている点が共通している。日々の暮らしの中で彼らが大切にしているのは、物質的な豊かさではなく、精神的な豊かさである。彼らは図2-1の②の「アメニティや地域とのつながりを求める移動者」であ

写真3-2-4　ユートピアとしての亜熱帯の与論島（筆者撮影）

り、商品やサービスのような具体的なメリットではなく、移住先の与論島に理想の環境や社会を求めている。つまり「地域で生み出された価値を消費するユートピア志向」である。

また、文化イベントを開催するＣさんや工房を運営するＤさんは、地域で生み出された価値を消費する一方で、地域で価値を生み出し提供もしている。移住して生活が始まると、地域との接点が増え、そこから価値を生み出す機会が生ずる。

移住した４人にはそれぞれ、シマとのかかわりや立場の違いが生じている。与論島での社会生活において、アメニティや地域とのつながりを求めて移動してきたこと（図2-1の②）は共通しているが、シマの地域課題の解決にかかわる場合もある（図2-1の④）。ときには、自分のスキルを生かすために有利な条件・環境を求める移動者（図2-1の③）にもなる。このように、移住してくるよそ者は、移動者の性質を複数持つことができる。

最後に、４人のよそ者の位置づけを、たびんちゅである「よそ者としての自認度」と、しまんちゅである「地域の受容度」で比較してみよう（図3-2-1）。まず、Ａさん、Ｃさん、Ｄさんは自分たちをよそ者であるたびんちゅとみなし、よそ者でいることで地域との関係を維持しようと考えている。一方、Ｂさんはシマに受け入れられることを望み、希望も含めてしまんちゅでありたいと思っている。次に、シマの側から見ると、エピソードからもわかるように、Ｃさんは長期的な地域とのかかわりの中で、しまんちゅと内輪の話をするような関係性を築いており、Ｄさんはしまんちゅと親戚のような付き合いに発展しており、彼らは地域から受け入れられている。一方、Ａさんは語りの中にも地域から受け入れられたというエピソードはなく、Ｂさんについてもしまんちゅが親しみのある呼び名をつけてくれたという形式的なものにとどまるため、彼らの地域からの受容度は低い。このように、よそ者は地域社会の視点だけでなく、よそ者自身の自認度によってもその位置づけや地域との向き合い方が変わってくる。

それでは、これらの違いはどこから生ずるのだろうか。与論島のような離島では、人口減少で地域社会の衰退が始まっても、地域社会の強いつながりが維持され、よそ者の受容の決定権を地域側が持っていると考えられる。そのため、一見するとよそ者である移動者は、表2-1の④「共生」の関係になることは難しいように思えるかもしれない。しかし、CさんやDさんのように、地域社会に長くかかわることで、逆説的に自身の異質性をより強く認識しているようなケースでは、よそ者である移動者という立場は、自らの価値を維持することにもなるので、その位置を戦略的に利用しているといえる。地域で生み出された価値を消費する移動者であっても、地域に十分受容され、結果として④「共生」になっているという見方もできるだろう。

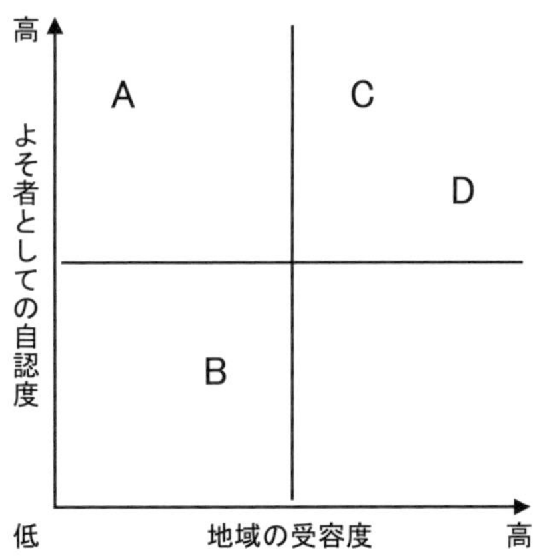


図3-2-1　インタビュー対象者のよそ者としての自認度と地域の受容度

参考文献


与論町役場総務企画課（2022）『令和4年度版 町勢要覧』42p.

## 3. 地域を応援したいふるさと納税者

ふるさと納税制度は、都市から地方への移転が課題だった税制に変化をもたらし、ふるさとではない地域にまで、返礼品目的で「納税」する動きが起きた。確かに納税者は移動しないが、観光客などの移動者と同様、ふるさと納税も地域外から地域内へと関与していると考え、ここでは「移動しない移動者」として、彼らと地域との関係を考えたい。

### (1) ふるさと納税制度とは何か

2008年4月の地方税法の改正で始まった「ふるさと納税」の制度は[4)]、初年度80億円だった受入額が2021年度には100倍以上の8,300億円に拡大した(図3-3-1)。制度の利用者(控除適用者)数は741万人に達し、全国の住民税納税者の1割以上がこの制度を利用している。

ふるさと納税制度は、対象となる自治体に寄付した寄付金から、手数

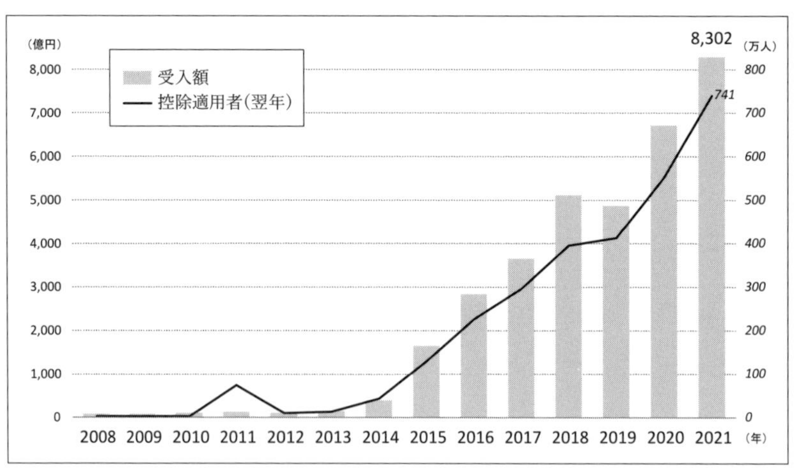


図3-3-1　ふるさと納税受入額・利用者数推移 (総務省統計より筆者作成)

4) 2008(平成20)年4月の法律改正によって、5月から「ふるさと納税」制度が始まった。この制度は、地方税法第37条の2(寄附金税額控除)、第314条の7(寄附金税額控除)および所得税法第78条(寄附金控除)を法的根拠として実現した。

料的な位置づけの2,000円が引かれた残りの全額が、翌年の住民税から控除されるしくみである（図3-3-2）。たとえば、10万円を寄付する場合、翌年、9万8,000円が還付される。それに加えて利用者には、寄付した自治体から寄付額の30％程度までの範囲で返礼品が届けられる。利用者にとってふるさと納税は、返礼品を享受しながら同時に「節税」もでき、さらに特定の地域に寄付ができる制度である。所得・納税額が多いほどメリットが大きいことが、制度の欠陥として批判されている。

一方、寄付先となる地方自治体にとっては、利用者からの寄付の獲得競争になった。居住自治体から寄付先自治体への税収移転が起こるので、寄付を受け入れる地方の自治体では増収となるが、制度利用者が居住する都市の自治体では減収となる。ただし、地方交付税交付団体であれば救済措置があり、減収分の75％が政府の特別会計から補てんされるしくみとなっている。

ふるさと納税制度の創設に先立って、「ふるさと納税研究会」が総務省によって設置された。この研究会の報告書では、ふるさと納税を「税制上、税理論上まさに画期的な歴史的意義をもつ」と位置づけていた

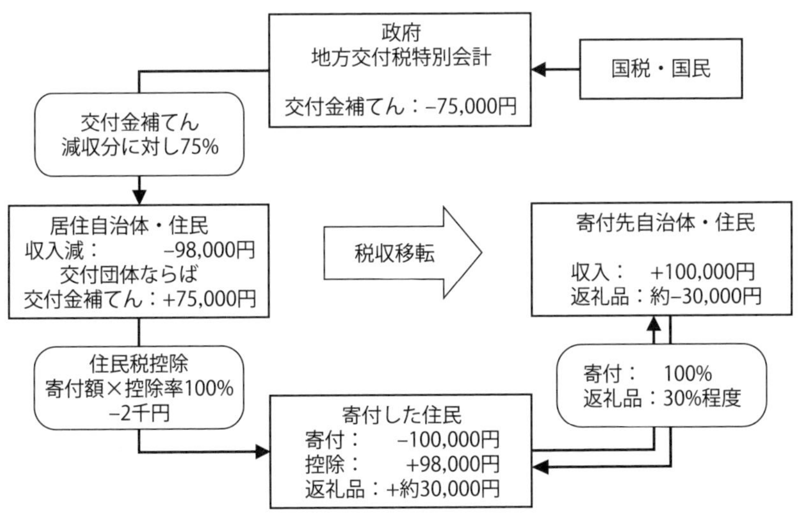


図3-3-2　ふるさと納税の仕組み（10万円の寄付をした場合）（筆者作成）

（総務省 2007）。そして、地域への関与の喚起と地域貢献の機会提供や、税源が豊富な都市から地方への税収移転の促進、返礼品の買上げを通じた地域産業の振興の効果があるとしていた。

しかし、関与を想定する際の「ふるさと」は、いわゆる故郷に限られておらず、納税者が応援したい地域を「ふるさと」にできた。また、制度の利用者は寄付する地域を訪問しなくても、極端な場合には地理上の所在地を知らなくても、「返礼品目当て」で寄付することができる。

この問題については、制度の発足当初から指摘されていた。たとえば、この制度によって納税者は居住地の自治体に納めるべき住民税の負担を免れることができ、「自治の負担分任の原則」に反するという指摘である（片山 2014）。また、神野（2007）は財政学の視点から、納税者が納税先と使途をじかに選択できる制度は、議会制民主主義に反すると批判している。前述のふるさと納税研究会は、この制度が類例のない「まさに画期的」なものであると主張しているが、利用者を「フリーライダー」にし、税制の原理や民主主義の原則にも反する問題があることは無視できない。ただし、批判の多くは自治体による金券の提供や高すぎる還元率についてであり、制度の存続そのものに関する議論はほとんどなされていない。

自治体は、ふるさと納税の受け入れを推進すれば、税収の増加が見込める。また、利用する納税者は居住地の自治体への納税ではなく、自己負担のない寄付によって「良いこと」をした気分になれるだろうし、受け取る返礼品に満足すれば、制度を批判する理由はなくなる。こうした背景がある限り、ふるさと納税制度は存続すると思われる。

しかしふるさと納税は、地域外からの関与である寄付と地域内からの返礼品としての地域産品の提供、またその際の地域と寄付者とのやりとり（コミュニケーション）も期待できる制度である。地域外の納税者が制度をきっかけに、寄付した自治体（地域）に興味を持ち、さらにそこを訪問することも起きている。確かに、この事例は他の事例と性質が異なるが、その地域に定住せずに地域外から関与するという点では、ふるさと納税も観光客や関係人口などの移動者と同様であるとも考えられる。それを踏まえて本節では、「移動しない移動者」と地域との関係を考えたい。

### (2) ふるさと納税利用者のタイプ

ふるさと納税の実態と納税者の姿を明らかにするために、首都圏の1都3県の20代〜60代男女を対象にインターネットアンケート調査を実施した[5)]。まず、有効回答者数8,993人のうち、ふるさと納税制度の利用者は7.6%の681人だった。

その結果を見てみよう。クラスター分析[6)]によって、制度の利用動機からふるさと納税制度の利用者を4タイプに区分した。表3-3-1の項目のうち、上段の5項目は地域を応援したいという動機、下段の4項目は自身のメリットを求めたいという動機に関するものを指している。まず、地域を支援したいという動機が高く、個人の利得に対する志向が著しく低い「地方応援層」が15.6%存在する。次に、地域を支援したい動機が高く、また個人の利得に対する志向もあると表明した「応援プラス層」

表3-3-1　利用者タイプ別の制度利用動機

| 項目 | 利用者 100% | 地方応援層 15.6% | 応援プラス層 23.9% | 利得フォロー層 36.0% | 利得志向層 24.5% |
|---|---|---|---|---|---|
| 地方の応援のため | 39.9 | 84.0 | 62.6 | 32.2 | 1.2 |
| 寄付先地域応援のため | 36.4 | 81.1 | 56.4 | 27.8 | 1.2 |
| 共感する使途のため | 25.3 | 60.4 | 37.4 | 18.8 | 0.6 |
| ふるさと応援のため | 17.0 | 44.3 | 38.7 | 2.4 | 0.0 |
| 控除がなくとも | 6.6 | 29.2 | 8.6 | 0.0 | 0.0 |
| 返礼品が目的で | 68.4 | 7.5 | 63.2 | 80.0 | 95.2 |
| 節税のため | 59.2 | 21.7 | 51.5 | 69.4 | 75.4 |
| 返礼品還元率を基準に | 58.7 | 0.9 | 50.9 | 67.3 | 90.4 |
| 使途は気にしない | 26.9 | 10.4 | 19.6 | 18.0 | 57.5 |

5) この調査では、ネット調査のパネルから国勢調査比例で割り付けた。ふるさと納税制度の利用動機を明らかにするために、「地方の応援のため」「寄付先地域応援のため」など5つの設問を設定し、それに対する肯定と否定を調べた。また得られるメリットとして「返礼品が目的」「節税のため」など4つの設問を用いて、それぞれに肯定・否定の回答を得た。

6) クラスター分析とは、多数のデータから似たものを集めてグループ（クラスター）に分ける統計的手法のことである。

が23.9％いる。以上の2群の回答者は、「旅行先で親切にしていただいたため」「応援したい自治体があった」「馴染みがある自治体とつながりが欲しかった」「水害に見舞われた地域の対策に役立ててほしい」「緑化事業への寄付を募っていて、自分の考えに合っていた」などと制度の利用動機を自由記述で回答している。

一方、それほど明確な意思表示ではないが、制度の利用動機を返礼品と「節税」のメリットだとする「利得フォロー層」は36.0％と最も多かった。次に、地域を支援したいという動機がほぼなく、個人の利得に対する志向に偏った「利得志向層」は24.5％だった。また、彼らは制度の利用動機を「米や肉がタダでもらえる」「自己負担2,000円で美味しいものが食べられる」「同じ住民税払うなら、何かもらえたほうがいい」「税金を抑えたかったから」「地方税が高いので返礼品で取り返す」などと回答している。

地域を支援したいという動機はなく、自らのメリットのために制度を利用したい利得志向層が回答者の4分の1を占めており、これに利得フォロー層と合わせると回答者の約6割に達する。つまり、6割が主に得られるメリットを目的として制度を利用している点では、「地域に貢献したいという真摯な思いを実現する」（総務省 2007）ために制定されたふるさと納税制度の目的と現実は、残念ながら一致していない。

ふるさと納税の利用者が4つのタイプに分類できたように、利用者の動機や意識、暮らし方には違いがある。そこで、ふるさと納税の利用者の特徴を「ペルソナ」という仮想の人物像で表す手法を用いて、利用者のイメージをつかんでみたい。

ペルソナは2000年代後半からマーケティングで利用されている手法であり、対象となる商品やサービスの利用者の人物像をわかりやすく表現し、共有できる（プルーイット・アドリン 2007；別宮・三井 2020）。たとえば、家庭用電子レンジの購入者は「東京都町田市に住む共稼ぎ世帯で、2人の子どもがいる32歳のAさん」がペルソナである。こうすることで、どのような経緯で電子レンジを選び、どのような広告に反応するかを検討することができる。

以下では、ふるさと納税制度の利用者681人の調査分析データとインタビュー調査をもとに設定した2人のペルソナを、コラムで紹介する。

column

ふるさと納税利用者① 谷川さんのケース

## 谷川逸郎

52歳　会社員
東京都杉並区に在住
妻との2人世帯

谷川は長野市郊外の住宅地で生まれ育った。地元の高校から東京の私大の経済学部に進み、サークル活動に明け暮れた。就職時にはゼミ担当教員の紹介もあり、大手機械メーカーにもぐり込めた。いくつかの支社勤務を経て東京の営業部に落ち着いた。

妻の成海とは社会人サークルで知り合った。娘を生んだ際に成海は会社を辞め、今は自宅で翻訳の請け負い仕事をやっている。娘は関西の大学に進んで家を出て就職した。今は妻と2人で杉並の分譲マンションに住む。

食品、日用品の買い物はサミットストアか生協で済ませる。近所の食品店のカルディでコーヒー豆を買うついでに、国内外の多様な食品を眺める。銀座周辺にある各地の物産館で、各地の産品を見るのも楽しみである。

**【地方への思い】**東北の震災後に会社に申し出て、宮城から入って福島の取引先へ応援に出向いたときに、沿岸部の被災地に広がる光景を見た。あの地域の家々で暮らしていた人たちは今どうしているか。

被災地に限らず地方の現状についても考えることがある。年に何回か帰省する長野では、市街地の百貨店の1つは閉店し、大型スーパーはなくなった。実家の近所の公園からは子どもの声が聞こえない。赴任経験のある高松に出張で行くと、商店街の1つは今も賑わうが、アーケードを少し歩けばシャッターの開かない店が並び、ずいぶん前に撤退した商業施設の入り口がベニヤ板で塞がれたままで、通りの一角を暗くしている。

旅先の各地で見る人気のない集落、植物に覆われた家々、耕作放棄地の風景。日本全体の人口が減るなかで、地方が衰えるのは仕方がないのか。国や自治体に、やりようはあるか。東京に住む自分たちは何ができるか。

**【制度利用のきっかけ】**ふるさと納税は自分とは関係ないと思っていた。数年前、たまたま開いたふるさと納税サイトの「朝採れホワイトアスパラガス」のみずみずしい写真に目が止まった。その横には「災害支援」「地域を応援」などの言葉が並ぶ。自分の収入ならば、いくら寄付できるかを見ると10万円以上は寄付できる。どんな品がもらえるのか、うしろめたくも感じながら、産直品の通販サイトのようなページをめくる。

妻が好きなシャインマスカットもある。届け手の甲州市にある塩山駅は登山の拠点でもあり、扇状地にブドウ畑が広がる景色には馴染みがある。寄付の使途は「学校教育の支援」等とあって、帰りに見た塩山郊外の小学校校庭で遊ぶ子らの姿を思い起こす。

**【利用動機】** 妻にふるさと納税について相談すると、スマホでしばらく検索したのちに、あなたの好きにすればいいと言ってくれた。妻はそれなりの収入があり、就職した娘も扶養対象外である。給与の手取り額は増えず、税金が高すぎという気がしていた。住民税を収める杉並区は高級住宅街もあるので、税収には困らないはずだ。財政の厳しい地方の振興に少しでも役立って、ついでに返礼品をもらうという気持ちで探すことにする。

**【寄付先の選択】** 各地の寄付の使途と返礼品をサイトで見る。登山道整備に使うという茅野市の提案は、車山高原などを訪れる身としては魅力的である。自然保護や福祉、文化振興などのほか、本当に住民のためになるのかわからない、寄付金集めの人気取りを狙ったような使途も見られる。

地域の取り組みや産品を見るうちに、地域ごとの個性が見えてくる。訪れたことのある地域でも、新しい発見があって調べることが楽しくなる。

結局、近年に台風被害のニュースを見た自治体の果物と、産地としてはあまり馴染みのなかった花巻市の赤ワインなど、いくつかの地域の返礼品を選び、サイトを通じて寄付の手続きをした。

column

ふるさと納税利用者② 小松さんのケース

## 小松駿介

**48歳　会社員**
**東京都練馬区在住**
**妻子の3人世帯**

小松は東京生まれ。両親が残してくれた家を建て替えて、妻と息子の3人で住んでいる。大学を卒業してからは情報機器のメーカーに勤め、いまは国内営業部の役職についている。週末は伊豆や信州をドライブするのが楽しみである。息子が小さい頃は、買い物や少年野球の送り迎えなどにも便利なステーションワゴンに乗っていたが、一昨年にドイツ車のセダンに乗り換えた。

**【地方への思い】**妻の実家が長岡なので、年に一度は新潟に行く。関越道を降りて田畑の広がるのどかな農村風景のなか、クルマを走らせるのは楽しく、地方は豊かな自然があって、うらやましい。ただ地方のどこに行っても見かけるダムや、立派な広域農道、豪華な公共施設などには興ざめする。それらは税のムダ遣いであるだけでなく、自然破壊でもある。

国の財政が厳しいなか、河川工事や道路などの地方公共事業に浪費する日本的なやり方は腹立たしい。地域の既得権益や岩盤規制に守られて、中央からの配分を待つだけの姿勢は、地域の成長にとっても良くない。SDGsやESG投資が重視されるなか、いつまでそんなことをやっているのかと思う。補助金には頼らず、若い人の力で新しいビジネスに積極的に挑戦して、経済的にも自立すれば、地方は発展への道を見つけられるはずだ。

**【制度利用のきっかけ】**ふるさと納税がブームになる前から、会社員にもできる税金対策として注目していた。ただ仕事が忙しいなか数万円の利益のために面倒な手続きに時間を取るのは効率が良くないと見送っていた。後に控除手続きが簡素化されたというニュースを見て、利用することとした。

ふるさと納税サイトは、品物が選びやすく簡単に利用でき、案内も充実していて、もっと早くふるさと納税をしておけばよかった。

**【利用動機】**優遇されている農家や自営業者とは違い、源泉徴収のサラリーマンは節税の方法がない一方で、国や自治体に納めた税の分だけの恩恵は感じない。仕事で成果をあげても、手取りはほとんど上がらない。所得再分配と称するバラ撒き政策や、公共事業などに湯水のようにムダ遣いされるのは納得がいかない。もともと取られるだけの住民税だが、ふるさと納税を利用することで、欲しい商品を手に入れながら節税できる。寄付で地方にもメリットがあるのだから、Win-Winの良い制度だと思う。

**【寄付先の選択】**税をできるだけ多く取り戻せるよう、還元率を選択基準にしている。せっかくなので、普段は買わないマンゴーなど贅沢な気分が味わえるものにするか、それとも家計の足しになるものかを迷う。ふるさと納税サイトの還元率ランキングによれば牛肉がお得なので、昨年は高級なステーキ肉と、普段づかい用の切り落とし肉を注文した。

大阪・泉佐野市が配っていたアマゾン・ギフト券は還元率が高かった。妻も日用品の購入に重宝しており、使い勝手も良かった。泉佐野市は法律に則した独自の工夫で利用者に喜ばれていたにもかかわらず、政治家の横やりが入って中止になったのは残念だった。

表3-3-2　回答者のタイプ別基本属性

| 項目 | 利用者 100% | 地方応援層 15.6% | 応援プラス層 23.9% | 利得フォロー層 36.0% | 利得志向層 24.5% |
|---|---|---|---|---|---|
| 平均年齢(歳) | *49* | *53* | *49* | *47* | *47* |
| 世帯所得指数(万円) | *850* | *830* | *880* | *840* | *850* |
| 女性比 | 38.0 | 39.6 | 42.9 | 38.0 | 32.3 |
| 大学・大学院卒 | 72.5 | 67.0 | 73.0 | 71.0 | 77.8 |
| 地方出身 | 42.7 | 37.7 | 58.9 | 35.5 | 40.7 |

次に、回答者のタイプ別の属性を説明したい。それぞれのタイプの基本属性をみると、各タイプとも世帯所得と学歴が高く、平均年齢や男女比には著しい差はない。今回の調査の回答者は、いずれも大学または大学院卒の高学歴で、かつ世帯所得が850万円と高い所得者である（表3-3-2）。

一方、社会意識の特徴をみると、地方応援層と応援プラス層はほぼ同じ特性である。両タイプ共に人とのつながりを重視するなどの相互扶助志向が高く、近所や友人との付き合いが活発で、地方への税金の配分を拡大した方がよいと主張している（図3-3-5）。一方、回答者の約4分の1を占める利得志向層は、相互扶助志向が低いと同時に個人主義志向が高い。人間関係は希薄で、地方への税収配分の拡大に反対する意思を示している。また、回答者の3分の1を占める利得フォロー層は、税収の地

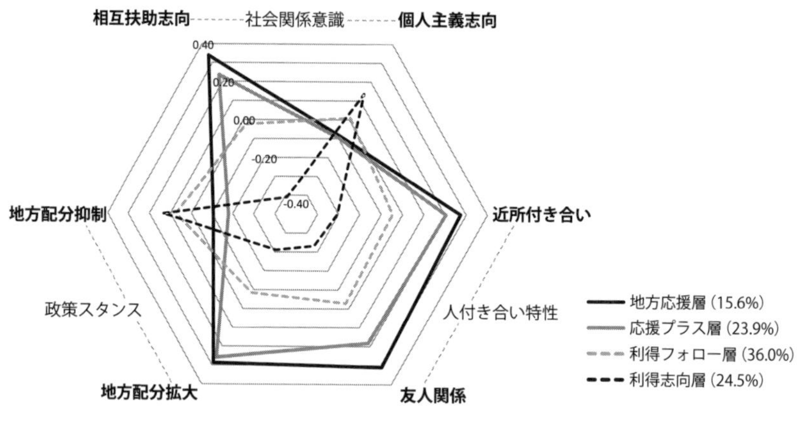


図3-3-5　回答者タイプ別の社会意識

表3-3-3　利用者タイプ別地域支援行動

| 項目 | 利用者 100% | 地方応援層 15.6% | 応援プラス層 23.9% | 利得フォロー層 36.0% | 利得志向層 24.5% |
|---|---|---|---|---|---|
| 地方応援の観光訪問 | 40.5 | 53.8 | 57.1 | 40.0 | 16.8 |
| 地方応援の産品購入 | 36.0 | 59.4 | 49.7 | 33.1 | 12.0 |
| 被災地支援観光 | 36.0 | 46.2 | 45.4 | 37.1 | 18.6 |
| 被災地など募金 | 16.0 | 36.8 | 19.0 | 12.2 | 5.4 |
| 被災地などボランティア | 5.1 | 11.3 | 8.0 | 2.9 | 1.8 |

方への配分は不要とする主張を除くと、すべての回答者の平均に近い。

各タイプの特徴に注目すると（図3-3-5）、相互扶助志向と近所付き合い、地方への配分拡大の設問区分では差が大きいが、個人主義志向と地方への配分抑制については、タイプ間の差は小さい。一方、地方応援層と応援プラス層は、地方に貢献して応援したいという思いで制度を利用しているととらえられる。また、地域支援行動（表3-3-3）には利用者タイプ別の特徴がはっきりと現われている。利得志向層は被災地の支援などの行動の経験率が低い。また、地方応援層は観光で訪問や地域産品購入などの地域支援行動をしており、応援プラス層と同様であった。この2タイプは、地域へのかかわりを実践している。

### ⑷ ふるさと納税制度の利用後の変化

ふるさと納税制度利用者の、制度利用後の評価を表3-3-4に示す。総合的な評価となる「今後もふるさと納税をする」「良い制度だと思う」の2つの評価項目への回答は、タイプを問わず8～9割が肯定的である。一方、利用者タイプ別の特徴では、地方応援層の約7割が「寄付先からの感謝に満足する」と回答しており、「心遣いに満足」「地域・産品の情報に満足」「寄付金使途の情報に満足」の評価項目も他のタイプより評価が高い。応援プラス層でも同様の傾向だが、利得フォロー層、利得志向層に移行するに従い、ふるさと納税制度による地域貢献より、「返礼品に満足」が満足の中心になっていく。地域の対応や税金の使途への興味はなく、むしろ返礼品に満足できればよいと考えていると思われる。

次に、寄付先地域への意識の変化については、利得フォロー層と利得

表 3-3-4　利用者タイプ別制度への評価

| 項目 | 利用者 100% | 地方応援層 15.6% | 応援プラス層 23.9% | 利得フォロー層 36.0% | 利得志向層 24.5% |
|---|---|---|---|---|---|
| 今後もふるさと納税をする | 85.2 | 87.7 | 81.6 | 88.2 | 82.6 |
| 良い制度だと思う | 78.0 | 76.4 | 81.0 | 77.1 | 77.2 |
| 寄付先からの感謝に満足 | 47.9 | 70.8 | 55.8 | 46.9 | 26.9 |
| 心遣いに満足 | 43.9 | 63.2 | 52.1 | 42.9 | 25.1 |
| 地域・産品の情報に満足 | 43.9 | 60.4 | 51.5 | 44.1 | 25.7 |
| 寄付金使途の情報に満足 | 33.3 | 53.8 | 42.9 | 33.1 | 11.4 |
| 寄付金の使途に満足 | 31.9 | 55.7 | 40.5 | 26.5 | 16.2 |
| 返礼品に満足 | 76.8 | 63.2 | 79.8 | 79.2 | 79.0 |
| 節税効果に満足 | 57.1 | 41.5 | 56.4 | 64.9 | 56.3 |
| 期待以上の贈り物 | 46.7 | 42.5 | 57.1 | 48.2 | 37.1 |

志向層共に、どの質問項目でも評価は低かった（表3-3-5）。利用者の4分の1を占める利得志向層では、ふるさと納税研究会が期待したような「ふるさとの恩に感謝する本来の人間性への回帰の貴重な契機」（総務省2007）が実現できていない。一方、地方応援層と応援プラス層では「寄付先をもっと支援したい」という意思表示が明らかであった。また、地方応援層と応援プラス層の自由記述では、「故郷をもたないので、縁ができた地域が故郷のような気がする」「まったく知らない地域だったので好奇心がわいた」「ニュースなどでその地域を気にするようになった」などの記述もあった。ただし「寄付先にいつか住みたいか」についての質問項目は評価が低く、利用者平均で6.6％、地方応援層でも16.0％だった。

一方、ふるさと納税制度の利用者による地域産品の再購入は、返礼品

表 3-3-5　ふるさと納税制度利用による意識の変化

| 項目 | 利用者 100% | 地方応援層 15.6% | 応援プラス層 23.9% | 利得フォロー層 36.0% | 利得志向層 24.5% |
|---|---|---|---|---|---|
| 寄付先をもっと支援したい | 37.9 | 74.5 | 55.2 | 32.7 | 5.4 |
| 寄付先に親近感を感じる | 26.3 | 50.0 | 36.2 | 22.9 | 6.6 |
| 使途にもっと支援したい | 23.1 | 41.5 | 33.7 | 20.8 | 4.2 |
| 地域の産品を買いたい | 20.7 | 34.0 | 31.9 | 19.6 | 3.0 |
| 寄付先地域の課題理解 | 20.4 | 43.4 | 30.1 | 15.1 | 4.2 |
| 返礼品を今度は買いたい | 20.4 | 34.0 | 28.8 | 18.0 | 7.2 |
| 寄付先を訪れたい | 18.6 | 35.8 | 29.4 | 14.3 | 3.6 |
| 寄付先にお返しをしたい | 15.7 | 34.9 | 25.2 | 9.8 | 3.0 |
| 寄付先にいつか住みたい | 6.6 | 16.0 | 10.4 | 3.3 | 1.8 |

を送った地域にとって重要な意味を持つ。制度利用後も地域産品を継続して購入してくれることは、観光でいえば「リピーター」として再訪問してくれることに等しい。地域外にいながら、また移動者にならずとも、消費活動を通して対象地域に貢献できる。ふるさと納税の返礼品の提供は、制度利用者による産品の持続的購入に結びつくことが期待される。

これに関しては、調査回答者平均で6.3%が返礼品として受け取った産品を追加で購入している(表3-3-6)。寄付を行った地域で、返礼品以外の地域産品を購入した回答は利用者全体で12.3%だった。また、利用者タイプ別に見ると、利得志向層の返礼品追加購入は1.2%、地域産品の購入は2.4%に留まっており、返礼品目当てに利用する利得志向層は、地域産品をほとんど追加または再購入していない。それに対して、地方応援層は33.0%、応援プラス層では19.0%が寄付先の地域産品を別途購入しており、この2タイプはふるさと納税制度以外でも地域との関係を築いていた。

ところで、ふるさと納税制度の利用者が地域産品の購入以外にとった行動として、寄付先に対し「地域情報収集」や「感想返信」などを行ったか質問したところ、情報収集については全回答者平均で41.6%が実施、特に地方応援層と応援プラス層は、50%以上が地域情報収集を行っていた(表3-3-7)。消費者のこうした「購買外行動」[7]はマーケティング研究では、提供者と顧客の結びつきを深めるとされている。また、顧客による商品・サービスへの評価を得て、提供する商品の価値を向上させる役割も持つ。自由記述では、「ネットなどで地域を調べて身近に感じるよ

表3-3-6　利用者タイプ別産品再購入割合

| 項目 | 利用者 100% | 地方応援層 15.6% | 応援プラス層 23.9% | 利得フォロー層 36.0% | 利得志向層 24.5% |
|---|---|---|---|---|---|
| 返礼品を追加で購入した | 6.3 | 14.2 | 7.4 | 5.7 | 1.2 |
| 寄付先の地域産品を購入した | 12.3 | 33.0 | 19.0 | 5.7 | 2.4 |

7) マーケティングにおいて購買外行動は、エンゲージメント行動と呼ばれる。

表3-3-7　利用者タイプ別購買外行動

| 項目 | 利用者 100% | 地方応援層 15.6% | 応援プラス層 23.9% | 利得フォロー層 36.0% | 利得志向層 24.5% |
|---|---|---|---|---|---|
| 地域情報収集 | 41.6 | 55.7 | 54.0 | 42.0 | 19.8 |
| 返礼品情報収集 | 34.2 | 35.8 | 50.3 | 34.7 | 16.8 |
| 使途情報収集 | 15.3 | 30.2 | 23.9 | 10.2 | 4.8 |
| 感想返信 | 18.1 | 22.6 | 22.7 | 19.6 | 8.4 |
| 使途報告情報収集 | 12.0 | 19.8 | 23.3 | 8.2 | 1.8 |

うになった」「販売元などを調べ、地域の自然環境などを知ることができた」「保育の充実に使う予算が足りないことがわかった」などの回答もあった。また、「一度訪れてみたい」「ボランティアとして参加したい」「退職後、家を建てたくなった」など、寄付先地域への関心を示している。

### ⑸ ふるさと納税制度の利用者と地域

これまでの分析を踏まえて、地域にとってふるさと納税制度が移動者と地域にとってどのような意味を持っているかを検討したい。

まず、利得志向層、つまり返礼品という商品やサービスによるメリットだけを求めて制度を利用した人びとが、地域との継続的な関係を持つのは難しい。彼らの関心は節税と返礼品にあり、寄付先の地域への関心は低いので、大きなメリットが得られる機会が他にあれば、地域は簡単に忘れられる。関係を維持するには、たとえば返礼品の還元率を高める必要があるが、それでは地域の負担が増加するだけである。むしろ、寄付先の地域への関与につながる地方応援層や応援プラス層にアプローチするのが得策だろう。

一方、地域側は返礼品提供時と提供後に、ふるさと納税制度利用者との関係づくりと、継続的な情報提供に取り組むことが重要である。特に利得志向層は、観光客と同様に、地域で生み出された価値を消費したいと考えている。つまり、図2-1の①「商品・サービスの消費や非日常体験を求める移動者」である。彼らのためには、より魅力的な地域産品の製造やブランド化に努力するなど、評価を高める工夫が必要である。

また、制度利用者との双方向コミュニケーションも購買行動に貢献する。調査で確認された購買外行動のうち、返礼品の受領者からの「感想返信」率は回答者全体の平均で18.1％であり、地方応援層と応援プラス層でも20％程度と低い。ふるさと納税研究会がめざしたように、真に地域に利する効果を得るには、こうした関心を持つ「移動しない移動者」と地域を継続的に結びつけ、双方のコミュニケーションを活発にしていく必要がある。地域で災害や事故が起きた際に、こうした層はまた地域を思い出して寄付をしてくれたり、ボランティアとして地域を支援してくれたりする可能性もある。

しかし、そもそも継続して地域にかかわりたい、地域を応援したいと考える地方応援層は15.6％に過ぎない。その地方応援層ですら、表3-3-6で示したように、寄付先の地域産品の購入率は33.0％でしかない。そこで、価値を消費する対象としての地域産品やサービスだけではなく、地域の自然環境などのアメニティにも寄付者に目を向けてもらってはどうか。それは、彼らを図2-1の②「アメニティや地域とのつながりを求める移動者」として扱うことである。商品は「送付」できるが、地域のアメニティは送れないので、実際に移動してくる可能性が生まれるだろう。

そして、観光案内だけではなく、地域の現状や課題についての情報提供に取り組むことで、図2-1の④「地域課題の解決や理想的な地域の実現をめざす移動者」に変容することも考えられる。特に、可能性の高い2つの層、地方応援層と応援プラス層は、関係の改善や変容が期待できる。

以上のように、本節では移動しない移動者であるふるさと納税者について考えてきた。彼らは自分が移動しない代わりに、地域からの返礼品や地域産品を移動（輸送）させて受け取って消費する。彼らとの関係を健全なものとして継続させるポイントは、地域産品を通して地域への関心を高める、コミュニケーションの設計である。それは地域と地域外の制度利用者との価値共創の営みである。このコミュニケーションの相互作用は同時に、互いの行動を伴う気持ちの結びつきを強め、持続的な関係の形成に貢献するだろう。

## 参考文献

別宮玲・三井和男（2020）「対話型遺伝的アルゴリズムによる実在人物のように感じられるペルソナデザイン」『知能と情報』、32(1)、pp.653-662.

神野直彦（2007）「論陣・論客 ふるさと納税、どう見る」『読売新聞』、2007年6月12日掲載.

片山善博（2014）「自治を蝕む『ふるさと納税』」『世界』、(861)、pp.60-62.

プルーイット＝ジョン・アドリン＝タマラ（2007）『ペルソナ戦略―マーケティング、製品開発、デザインを顧客志向にする』、秋本芳伸・岡田泰子・ラリス資子訳、ダイヤモンド社、321p.

総務省（2007）『ふるさと納税研究会報告書（平成19年）』、24p.

第4章

# 地域で価値を生み出す移動者

本章では、「地域で価値を生み出し提供する移動者」について考える。北海道東川町の移住起業家や新潟市沼垂テラス商店街の出店者、福島県西会津町の地域おこし協力隊員のほか、鳥取県議会に出向した専門家本人の物語も取り上げる。そして、移住者がどのように地域にかかわり、どのようなしくみがかかわりを支えているのか、またかかわりがどのように変容するのかみていきたい。

棚田を楽しむ（石川県輪島市）

## 1. スキルを生かして移住する起業家 ——北海道東川町

本節では、特定のスキル（技能）を持つ人びとが、新たな展開を求めて移住する「移住起業家」を取り上げる。北海道東川町では、町による移住促進やプロモーションを推進したことで、同町の町道北7線沿いに「クラフト街道」が形成されている。ここに集まってきた木工家具・クラフトの職人たちを取り上げ、彼らの移住体験や地域との関係の持ち方を紹介する。

### (1) 移住起業家という選択

明治時代のはじめ、日本の農山村には漂泊するよそ者がいた。その多くは独自の技能を持った狩人、鍛冶屋、桶屋などの職人たちであった。彼らは村々をまわって生計を立てていたが、必要とされれば村に定着することもあった（宮本 2012）。彼らのような技能を持つ人びとが地域に住みつき、農山村地域の社会に不足している技術を補っていた。

現代に場面を移そう。林野庁が20～50代の男女3,200人に行った調査[1)]によると、回答者の24.4％が農山村への移住意向を示し、このうち71.9％はテレワークが可能であれば移住を検討すると回答している。また近年は、都市での生活や職場で得られないものを求める「ライフスタイル移住」への関心も高まっている。その一方で、「移住等の増加に向けた広報戦略の立案・実施のための調査事業報告書」[2)]では、移住先の地域での就業や生活に馴染めるか自信がないなど、移住後の不安を示す結果も出ている。

本節で取り上げるのは北海道東川町である。ここは高校生による「写

1) 森林サービス産業プロモーション共同企業体（2020）「令和元年度森林サービス産業緊急対策事業「新しい日常における森林活用の意向調査」」（林野庁）（https://prtimes.jp/a/?c=63944&r=1&f=d63944-1-pdf-0.pdf 2022年12月17日アクセス）

2) 内閣官房まち・ひと・しごと創生本部事務局（2020）「移住等の増加に向けた広報戦略の立案・実施のための調査事業報告書」（https://www.chisou.go.jp/sousei/pdf/ijuu_chousa_houkokusho_0515.pdf 2022年10月22日アクセス）

真甲子園」が開かれる「写真の街」として知られている。また、木工家具・クラフト製作の奨励を施策として進めた結果、移住者の増加につながっている[3]。中でも、町の北部を東西に横断する町道北7線沿いには、起業を前提に他地域から移住した「移住起業家」による木工家具やクラフト工房、雑貨・カフェ店の開業が目立っている。この5kmほどの範囲は、通称「クラフト街道」と呼ばれている。特に上岐登牛地区では、移住起業家の木工家具・クラフト工房が集積しており、観光地にもなっている。クラフト街道は、付近の工房の人びとによって1990年頃に名付けられた。クラフト街道の名を周囲に認知してもらうための木製看板が立っている（写真4-1-1）。

移住起業家たちが東川町に移住し、同時に起業もする理由は、地域に豊富にある木材資源の調達しやすさや、地域に先に入った先輩からの助言があったからだ。彼らは第2章の図2-1③「自身の活動に有利な条件・環境を求める移動者」である。自分のスキルを磨き、より優れた仕事を

写真4-1-1 「クラフト街道」を示す看板（筆者撮影）

3)「なぜ東川町に移住起業家が根付くのか？：道内小規模市町村における移住起業家の転入要因の解明」（北方建築総合研究所）https://www.hro.or.jp/list/building/pdf/30gaiyo/H30_poster9.pdf（2023年6月17日アクセス）

することを目的に地域に移住してきた。移住によって移動者が実現したいことは明確である。

移住起業家の集積に関して、東川町が果たしてきた役割は大きい。東川町は2016年に複合交流施設「せんとぴゅあII」を開設し、それ以降毎年、役場が企画・運営するイベントを複数回開いている。そこにはクラフト街道周辺に集まった木工家具・クラフト工房が、地域産品として木工家具のほか、デザイン性の優れたクラフト作品を出品し、広く認知、評価されてきている。また、地域内外への広報として、ひがしかわ観光協会が発行するリーフレットや「東川町暮らしのスタイル」を強調したプロモーションも、クラフト街道の名称を広めることに役立ってきた。

そのほか、1989年に設立された「旭川工芸デザイン協会」[4)]は、移住して起業した木工家具・クラフト製作者たちの交流の場になっている。同協会では展示会を毎年2回、1回は地域内、もう1回は他の地域で開催し、また不定期だが海外で展示会を開くこともあった。移住起業家たちはこうした機会を利用して販路を模索し、事業者としての基盤をつくってきた。

町の支援を受け、地域に定着している移動者だが、彼らは定着後も地域の人びとから「よそ者」と呼ばれ続ける。本節では、クラフト街道の命名にかかわりのあった移住起業家の鈴木秀一さんと滝本宣博さんの2人を取り上げ、町役場の東川スタイル課の移住支援から、移住起業家が地域に定着するプロセスを解説する。

### ⑵ 北海道の中央に位置する東川町

北海道のほぼ中央に位置する東川町は、旭川空港へ約7km、旭川市中心部へは約13kmの場所に立地する。町の東部は大規模な森林地域となっていて、旭岳（標高2,291m）がある大雪山国立公園区域の一部を町

4) 木工家具・クラフト作家たちがある程度販路を開拓できたことから、協会としての役割を終え2021年4月に解散している。

写真4-1-2　東川町の水田地帯（筆者撮影）

域に含んでいる。大雪山麓には天人峡温泉と旭岳温泉があり、町民は大雪山の雪解け水を生活用水として利用している（東川町史編纂委員会 1995）。

東川町の人口は、1950年の1万754人をピークに、1993年3月には6,973人に減少した。しかし、1994年以降は増加に転じ、2022年6月には8,500人にまで増えている。しかし、人口の自然増については、出生者と死亡者が同数の51人となった2002年以降、2020年まで出生者数が死亡者数を上回ることはない状態が続いている。逆に、2002年以降は転入者数が常に転出者数を上回っている。町民のうち25年以内に転入してきた人びとの比率は56.6％であり、町民の半数以上がいわば「よそ者」で構成されている[5)]。

東川町はこれまで、米づくりや清涼な水を町の魅力ととらえ、町のロゴも水をイメージして作成してきた（写真4-1-2）。東川町産米としての「ゆめぴりか」は、「ゆめぴりかコンテスト2019」での最高金賞受賞や

5)「人口の半数が「移住者」？ 北海道東川町」（倉貫眞一郎さんのWebサイト https://note.com/sinichiro_kuran/n/nba8f384e7743 2023年7月23日アクセス）

皇室献上米に選ばれるなどの評価も得ている。東川町の基幹産業は農業だが、町内の農家数は約100戸、家族を含めても農業者数は1,000人以下である。一方、製造業は事業所数が73軒、従業者数が913人で、農業にひけをとらない。特に、木材・木製品製造業者（234人）と家具・装備品製造業者（361人）の合計は595人であり、製造業全体の65％を占めている[6)]。

しかし、東川町は特に林業が盛んな地域ではない。約130年間続く木工業の町だが、伝統様式の家具製造業があったわけではない。こうした木工業を担ってきたのは農業従事者である。この地の木工業は、もともと彼らが出稼ぎをせずに仕事するための「冬の副業」だった。木工業を副業とする農家は、1898年に洋家具の生産が始まるとさらに増えた。1954年には、洞爺丸台風による大量の倒木の有効活用のために家具・装備品製造業が盛んになった。1955年には隣接する旭川市に「旭川市木工芸指導所（現・旭川市工芸センター）」が開設され、商品としての製品開発が進み、婚礼家具から次第に日常使いの椅子・テーブルやクラフトなどの小物へと生産品が変化していった（東川町史編纂委員会 1995）。

「ひがしかわ家具とクラフトお店マップ」には、東川町の小規模な家具・装備品、洋服、手芸、陶芸、染織、革小物など、40軒あまりのクラフトの店が紹介されている。そのうち、クラフト街道の周辺に集積する店はすべて、移住者の営む木工家具・クラフト工房である。

### ⑶「クラフトの街」へのプロモーション

現在、東川町で家具・クラフト製造にかかわる人びとは、家族も加えると全町民の3割を超え、木工家具・クラフト製造の事業所は43軒ある[7)]。東川町ではこの傾向を重視し、クラフト街道から「クラフトの街」

6)「写真の町 東川町」Webサイト（https://higashikawa-town.jp/portal/photo　2023年7月23日アクセス）

7)「平成28年経済センサス―活動調査結果」および最新の情報として東川町東川スタイル課からの情報提供（2022年11月11日）をもとに件数をカウントした。

へのプレイスブランディングを始めている。

まず、木工業やクラフト製造の振興を担う東川町役場の東川スタイル課[8)]は、東川町で製造される木製品のクオリティの底上げを狙って「町全体がショールーム」をキャッチフレーズにしている。かつての東川町の事業所は家具・クラフト製作ではなく、製材に近い仕事をしていた。地元で原料調達はしやすいが、製作者は地域の木材を使用するより、安い外国産の木材、輸入材を使いがちであった。そこで、東川スタイル課では、地元産の木材を使った製品の生産を試みてきた。たとえば、前述のせんとぴゅあⅡは地域産材を使って建てられているほか、現在建設が進められている温泉複合施設にも地域産材を使用し、木工作家たちの作品を用いた建築デザインとなっている。また、併設するフィットネス施設も地域産材をふんだんに使った木工家具・クラフトのショールームとして位置づけている。

また、これまでは家具・クラフト産業の人材育成が十分でなかった。そこで東川スタイル課は、木工家具・クラフト産業の後継者育成のために、東川町西9号北にある有限会社さくら工芸の工場跡地を活用した、木工家具およびクラフトの学びの場の開設を検討している。ものづくりで起業を志す人びとが滞在し、スキルを学べる場所の提供である。2021年からは、人材育成を目的とした、30歳以下の学生やアマチュアが参加する国際イベント「隈研吾＆東川町KAGUデザインコンペ」を建築家の隈研吾さんと連携して開催している。その狙いは、東川町が家具産業従事者や世界中で家具づくりを学びたい人びとが集まる場所になることである。そのため、隈研吾さんの支援を得て情報発信を進め、彼が設計した施設を象徴的な存在として、東川町の木工家具・クラフト産業のブランド化をめざしている。

さらに、町は後継者が東川町へ帰ってくるしくみづくりを検討してい

8) 東川スタイル課の業務は、機構改革により2023年5月1日から新設された経済振興課に移管された。

る。具体的には、町の産業振興支援制度[9]の中でUターンする後継者を増やそうという試みである。事業の承継で木工業が農業などと異なる点は、土地や生産設備に依存しないことである。就業の際に農地が取得しにくい農業とは異なり、木工業への参入ハードルは低い。また技術面でも、基本的なスキルがあれば木工業者として開業できる。材料調達の不安は確かにあるが、木材の集積地は東川町内や隣接する旭川市にあり、材木店からの調達はしやすい。

ただし、東川町の家具は全般的に高価格帯のものが多く、誰もが買えるものではない。そこで、高価格帯の家具を買える購買層に働きかけるために、ふるさと納税制度の活用やECサイト（電子商取引を行うWebサイト）での販売を東川町が支援している。

### ⑷ 移住起業家鈴木秀一さんの地域定着

東川町に移住してきたクラフト街道周辺の起業家6人のうちの1人、鈴木秀一さん（写真4-1-3）は、1987年に東川町上岐登牛地区に移住して、木工家具・クラフト工房「鈴木工房」（写真4-1-4）を営んでいる。鈴木さんが移住起業者として地域に入り、木工家具・クラフト製造を始めてからの35年間で、移動者である鈴木さんがどのように地域に定着していったのか紹介しよう。

鈴木さんは北海道上富良野町に生まれ、高校を卒業後、航空自衛隊に入隊した。埼玉、浜松、宮崎、千歳の各基地に勤務した後、自衛隊を退職した。その後、自衛隊の就職斡旋で、旭川市にあるデパートの刃物店の店長になった。

そのときに、後に鈴木さんの親方になる清水光男さんと出会う。デパートで清水さんがクラフト教室を開いた際に、そこで使う刃物を用立てたのが初めてだった。清水さんはクラフト製品の製作者であり、親方

9)「東川町産業振興支援制度」では東川町の企業等の立地及び起業化の促進並びに投資促進を行い、産業の活力向上を図ることを目的に、新規事業活動への助成や、固定資産税の軽減及び緑化の措置に対して助成している。

写真4-1-3　鈴木さん夫妻（筆者撮影）

写真4-1-4　鈴木工房ショールーム・カフェ外観（筆者撮影）

であった。好きでつくった製品を販売して食べていける「職人の仕事」を見て、雇われの身の自分との違いに鈴木さんはショックを受けた。

刃物店を退職後、知人のレストランで3年間マネージャーを務めた。その頃、鈴木さんには長男が生まれたが、残業が多く、家には寝に帰るだけの生活が続いた。「せっかく子どもが生まれたけれど、家族ってこんなもんなのか、お金はあっても何かが違う」と感じたという。そこで、どうせなら自分の好きなことで苦労したいと思い、刃物店時代に知り会った清水さんに相談し、レストランを辞めて木工職人の修業を始めることにした。3年間毎週1回、居住する旭川市の隣にある深川市の清水さんのもとへ通った。最初は簡単な切り抜きから始め、ついには難しい技術である家具の背板の飾りの切り抜きまで覚えた。徐々に仕事も得られるようになっていった。

鈴木さんが東川町へ移住したきっかけは、旭川市で刃物店に勤務していた際に知り合った、東川町で理創夢工房を営む陶芸家の滝本宣博さんとの出会いだった。当時、空き家となっていた家屋への入居者を募集する東川町商工会の取り組みを、デパートに出展していた滝本さんが鈴木さんに紹介したことが始まりだった。さっそく商工会に行き、移住可能な家屋のリストを頼りに町内の空き家を見て回り、最終的に上岐登牛地区に移住先を決めた。借りた家は母屋と納屋に分かれており、納屋は作業に適した場所で、土地の持ち主も木工に理解を示してくれた。

鈴木さんが東川町に移住した当時、木工家具・クラフトを仕事にする人はお互いが知り合いになりやすい環境だった。移住して開業した同業者とは、どこからとなくつながることができた。仕事のやり取りや情報交換などを目的に、寄り合う機会も多かった。開業した当初、鈴木さんはまだ「素人」に近く、同業者は皆が師匠だと思って他の工房に飛び込んでいたので、相手に煙たがられたこともあったという。しかし、そこで知り合った人びととは、後に旭川工芸デザイン協会で親しい間柄になった。

1992年に親方の清水さんから徐々に独立し、自分のオリジナルの仕事を増やして販路開拓も試み始めた。札幌市の狸小路商店街やホテルの土産物コーナーへも売り込みに出かけた。しかし、作り手が直接営業に行くと、足元を見られて値引きを迫られることもあった。それ以降は、直接依頼が来た店とだけ取引をしている。

最初の10年、そして15年、さらに20年と、鈴木さんは必死で仕事をした。好きなことで身を立てるのが一番大変だと頑張っていたが、経営の維持が課題だった。最大の危機は、バブル経済がはじけて取引先を失ったことである。しかし、バブル後に大手企業と直接取引できることになり、経営は安定した。現在は鈴木夫妻、息子と娘、工房スタッフ2名の計6人が働く「鈴木工房」を経営しながら、東川町に定着している。

東川町に移動者として移住し、今は仕事も順調な鈴木さんだが、木工へのこだわりは強い。木製品を機械で製造する会社の社長は、鈴木さんのつくっている作品を見て、手仕事はやはり違うし、これからも生き残ると語っている。さらに手仕事のスキルを伸ばして、四角い材から六角形や八角形を切り出すなど、精度の高い加工も手がけている。ただ、こうした精度の高い作業には熟練も必要で、鈴木工房では就業後にスタッフが自主的に技術を磨くために研鑽(けんさん)している。この先も家具製作を続けていきたいのなら、無理をしないで他の工房に門下として入ったり、熟達者の教えを請うたりすることが必要であると鈴木さんは考え、他者の教えから「景色を広げていく」ことを心がけている。鈴木さんの他にも、東川町では家具工房を営む若い人が増えており、仕事を受注できるようになってきている。こうした移住者のコミュニティが生まれていることを鈴木さんは評価している。第2章の表2-1でいえば「価値観を共有する仲間と新たなコミュニティを形成し、その場所で生活を続ける」ことであり、地域側から見れば③「分離」となる。

鈴木さんの関心も、地域より仕事に集中している。良くも悪くも典型的な図2-1の③「自身の活動に有利な条件・環境を求める移動者」である。上岐登牛地区に移住はしたが、自らの木工のスキルを高めることが第一で、地域社会への関心よりも仕事で成功することへの興味が優先する。必ずしも地域の公的なことに関心を持っているわけではない。地域で価値を生み出し提供する、活動条件という具体的なメリットを志向する移動者である。

### (5) 移住起業家滝本宣博さんの地域定着

東川町は自然の中に町があるという環境である。空港が近く、これほど便利な田舎はなかなかない。旭川生まれの滝本宣博さん（写真4-1-5）

は京都府立陶工専修校を1977年に修了した。滝本さんは1980年に東川町に移住して、陶磁器製作の「理創夢工房」(写真4-1-6)を開業した。第2章の図2-1③「自身の活動に有利な条件・環境を求める移動者」に該当する点で、鈴木さんと同じである。

東川町は、都市の良さと地方の暮らしの良さの両方が味わえる町である。旭川の都市機能も利用できるし、町内の施設なら競争が少なく、好きなときに利用できる。製作のための材料も手に入りやすく、また暮ら

写真4-1-5　滝本さん夫妻(筆者撮影)

写真4-1-6　理創夢工房ショールーム外観(筆者撮影)

すにも良い環境がある。このような条件に恵まれた土地の魅力に惹かれて、滝本さんは移住起業した。

また、北海道に移住したもうひとつの理由に、伝統や業界の縛りからの離脱があった。備前焼、清水焼、京焼などの歴史がある陶芸では、その技術や伝統を引き継ぐには、跡取りになるしか入り口がないと言われている。しかし、北海道ではやりたいように作品を生み出せる雰囲気があった。それは移動して手に入れられる職業上のメリットであった。

ここで注目したいのは、滝本さんと地域との関係である。移住してからは、農家の集まりにも参加して農家の仕事を勉強した。家庭菜園をやるためでなく、地域を知るために、自分の専門以外のことにもかかわるようにした。そのため、地域とは第2章の表2-1の④「共生」の関係にあった。

同時に、東川町という地域を意識して、地域単位で木工家具・クラフトを盛り上げようと考えてきた。たとえば、1987年頃の前述したクラフト街道の命名と看板の設置は、付近の工房の代表が集まって進めたことである。ちょうどその頃、JR北海道の車内誌に東川町のクラフト街道として紹介され、街道の存在は認知されていった。

また、2年後の1989年に設立された旭川工芸デザイン協会は、木工家具だけではなく、木工や陶芸、ガラス工芸などのクラフト作家の集まりである。東川町在住の木工家具・クラフト作家たちは、旭川の木工業界に比べれば後発で、低く見られていた。そこで、会員の作品の認知度向上と販路開拓のために、協会では毎年2回グループ展を行った。1回は近隣地域、もう1回は全国各地で開催し、アメリカやシンガポールでも開催した。東川町で活動するつくり手だけではなく、木工や陶芸、ガラス工芸など多様なジャンルのつくり手が一緒に活動できたのはお互いに貴重な体験だった。

滝本さんは現在、のり子夫人と暮らしている。自由な時間が比較的多く持てるので、近所の子ども相手の陶芸教室を開いている。この教室を通して地域の人びととの付き合いは広がり、農家から野菜や果物をもらうなど、地域に住んでいるという実感にもなっていった。特にお礼を言いに行った先で、相手の農家からは「礼はいらない」と言われると、最初は驚いたが、地域社会の一員であることを感じたという。滝本さんの場合には、陶芸教室という「役割」を地域で持ったことで、地域と「共生」ができたのではないだろうか。

このような体験から、土地の農家とは仲良くすることが大事だと主張する滝本さんは、移住者にアドバイスもする。たとえば、最初から移住先に家を買わずに1年くらいはアパートで暮らし、四季を通して暮らしやすいと思えるところに決めるとよいというアドバイスである。これは地域との関係をつくりやすい場所を探すことも含めての示唆である。滝本さんも、基本的には自らのスキルで価値を生み出すために、有利な条件を求めて移動してきた、メリット志向の移動者（第2章図2-1の③）だが、地域社会の存在は無視できない。あるいは、地域社会もその活動のための「条件のひとつ」なのかもしれない。移動者が持つ、定着のための戦略といえる。その一方で、条件が良い東川町にいると「外の目を持つことができなくなる不安」を感じるので、定期的に東京などの大都市で暮らしたいと滝本さんは感じている。よそ者としての異なる視点を持つことを忘れず、「よそ者性」を持ち続けたいと意識している。

### ⑹ 移住起業家と地域の関係の変容

前述した鈴木さんが移住した1987年当時、移住起業家が定着するクラフト街道周辺の上岐登牛地区は農村集落であり、主に農業者で構成されていた。農家がコミュニティの中心的存在で、移住起業家である木工家具製作者と農家が、互いの仕事を理解することは難しかった。

当時、移住者である鈴木さんは「すぐに出ていくよそ者」と噂され、最初は町内会にも紹介してもらえなかった。農家の人びとからかけられる言葉も無遠慮だった。たとえば、町内会の総会の最中に取引先から急ぎの連絡があり、やむなく総会を途中で抜けたことがあった。その際「そんなに稼いでどうする」と農家の人から皮肉られた。農家の共同作業を中断して抜けるときにかけられる皮肉なのだが、移住者にとってはつらい一言だった。

また、鈴木さんが移住する前に行われた町議会議員選挙では、同じ地区の農家の人が立候補していた。町内会全戸が賛同して支援するはずだったが、反旗を翻す人が現れた。その人がたまたま先に移住した家具製作者であったために、鈴木さんも同類と思われて、村八分同然の扱いを受けた。狭いコミュニティでは、利害が絡む町議会議員選挙にまつわるできごとは生々しい。

しかし、鈴木さんの移住から35年たった現在は、農家の多くが離農し、クラフト街道周辺の集落は工房やカフェを営む人びとで構成されている。特にこの2、3年で、集落の構造は大きく変化した。

ある農家の葬式では、鈴木さんは不慣れながらも手間のかかる会計係を引き受けた。そこで、他人の葬式のために黙々と働く鈴木さんを見た当時の町内会長が「縁もゆかりもない亡くなった人のために、会計として一生懸命動いてくれたのだから、町内会のメンバーとして認めたらどうだ」と言ってくれたことで、風向きが変わった。それからは、地域の農家にいろいろな場面で声を掛けられるようになっていった。何ごともきっかけが重要である。また、それは不意にやって来る。

町内会の構成員も変わり、「長老」と言われる高齢の男性が担っていた町内会長の引き受け手も、年齢が徐々に下がっていった。鈴木さんは39戸86人[10)]が居住する上岐登牛町内会の会長を2022年に務めた。彼より年配の有力な候補者もいたが、体調がすぐれず、結局鈴木さんに決まった。

鈴木さんが東川町に移住起業して35年経った今、移住した当時のよそ者扱いはもうなくなった。本人も「もう大手を振って歩いていますよ」と言うほどに、移住者やよそ者意識はない。一方、滝本さんは移住してきて42年が経つ。鈴木さんたちと共に経験した地域社会での「苦

10) 令和4年度東川町統計情報（東川町役場企画総務課総務室）

労」もあったが、地域に対する認識も変わってきていた。

その背景には、高齢化と離農による既存の地域社会の衰退がある。彼らはこれまでに農家の人びとを何人も見送った。お世話になった古い農家の人びとはみんないなくなった。

また前述したように、町内会長の役割を鈴木さんが引き受けたことで、地域の人びとと対等な関係を持つことができた。その点では第2章の表2-1の④「共生」の関係にある。もともと彼らは図2-1の③「自身の活動に有利な条件・環境を求める移動者」として移住してきた。彼らは木工業や窯業のスキルを生かして価値を生み出し、提供する存在である。仕事での成功が動機なので、町内会などの地域の公的なことに関心はなかった。しかし、地域社会の構造が変わったことで、彼らに「役割」がまわってきた。結果的に、図2-1の④に該当する「地域課題の解決や理想的な地域の実現をめざす移動者」となっている。その一方で、彼らは移住起業家として具体的なメリットを志向している。むしろ、地域が自分たちの望む社会、つまり閉鎖的であったり封建的ではない、住みやすい社会になれば良いと考えている。その点では、図2-1の②「アメニティや地域とのつながりを求める移動者」でもある。

現在、上岐登牛地区の農業生産を担うのは農業法人である。上岐登牛地区で農地を所有する農家には後継者はなく、他地区の農業法人が少人数で大規模な土地を耕作している。仕事を始める際に新しい事業者は、これまでの地区の農家とは違う対応をした。上岐登牛地区の従来の農家は、たとえば水田周辺に駐車をすると農業機械が入れないと怒鳴り込んできたが、新しい農家は耕作開始前に鈴木さんに挨拶に来た。今では彼ら以外はほぼ新しくやってきた住民だ。結果的に表2-1の③「分離」、地域社会との軋轢を避け、価値観を共有する仲間と新たなコミュニティが形成された。これから移住してくる新しい移住起業家の目には、クラフト街道をつくり上げた鈴木さんや滝本さんは、もともと上岐登牛地区に居た人として映るであろう。

地域にはそれぞれの場所に根付く生業がある。生業とは、地域の人びとが地域で働き、価値を生み出す営みである。それが集積することで、地場産業として認められていく。しかし、地場産業の担い手は地域に生まれ育った者だけではない。よそ者である移動者が担い手にもなり得る時代である。

東川町では、1980年代に移動してきた移住者たち、鈴木さんや滝本さんが工房を構え、農業地域で新しい事業を始めた。当初は少数派であったが、過疎化と離農で関係が逆転し、いまや地場産品の担い手として評価され、地元メディアにも頻繁(ひんぱん)に取り上げられている。東川町の地域イメージを担うのは、移住起業家たちである。

彼らは最近まで自らをよそ者であると認識していたが、その意識にも変化が生じている。地域社会の変化によって彼ら自身の意識が変わり、地域に定着して事業を継続したことで、東川町という地域の一端を担っている地域住民、つまり内部者に変化しつつある。移動者であるが、れっきとした地元の人びとでもある。

参考文献

森林サービス産業プロモーション共同企業体 (2020)『令和元年度「森林サービス産業」緊急対策事業報告書』、42p.
東川町史編纂委員会編 (1995)『東川町史第2巻第1編』東川町、1199p.
宮本常一 (2012)『生きていく民俗：生業の推移』河出文庫、257p.

## 2. 地域外からの出店者で賑わう商店街
## ――新潟市沼垂テラス商店街

新潟市中央区の「沼垂(ぬったり)テラス商店街」は、今や観光地になっている。一般に商店街は周辺住民のためにあるが、ここは役割を終えた市場をリノベーションしてできた、不思議な空間である。衰退した商店街から華やかな観光地へと、短い期間で変貌を遂げた沼垂テラス商店街の事例を特徴づける「地域外から来て、来訪者のために商品やサービスを生み出す人びと」を取り上げたい。

### (1) 古くからある新しい商店街

多くの商店街は、郊外の大型店の出店に押されて衰退し、商店街そのものの存続が危ぶまれている。しかし、「沼垂テラス商店街[11)]」は、商店街の再生の成功例として近年注目を集めてきた。それは、2015年のオープン以降、複数の表彰や評価を受けていることから明らかだ[12)]。沼垂テラス商店街は、観光地を紹介するガイドブックやウェブサイトにも取り上げられ、「レトロな雰囲気」のイメージで、むしろ観光地として評価されてきた。地域外からやって来る客は商店街ではなく、観光地と思ってここを訪れている。

もともと沼垂テラス商店街は、第二次世界大戦後に付近の工場と共に発展した旧沼垂市場から始まった。青果市場だった場所に魚屋や八百屋、洋品店が出店してできたのがこの商店街である。ところが、市場の統合や買い物スタイルの変化で次第に客足が遠のき、2000年頃にはすっかり「さびれたシャッター通り」状態に陥っていた。そこが、2010年代のリノベーション後は商店街として再生し、バザーで賑わい、現在では観光ガイドブックにも掲載されるほどの観光地に変貌した(写真4-2-1)。

---

11) 旧沼垂市場は、2015年4月から「沼垂テラス商店街」に名称が変わった。

12) 沼垂テラス商店街は2016年1月に地方紙46紙と共同通信社が主催する「地域再生大賞」の準大賞、また2017年10月に「グッドデザイン賞」を受賞した。

写真4-2-1　観光客で賑わう沼垂テラス商店街（敷田麻実撮影）

多くの商店街では、買い物客のほとんどは地元住民で、商店を営む側の商店主たちもたいてい地元の人びとである。しかし、沼垂テラス商店街では、地域外に住む出店者が沼垂テラス商店街に「通勤」し、商店を営んでいる。ここに集まるのは、出店者側も買い物客側も地域外の人びと、つまりよそ者としての移動者だ。第2章の図2-1の③「自身の活動に有利な条件・環境を求める移動者」である出店者と、図2-1の①「商品・サービスの消費や非日常体験を求める移動者」が交流している場である。

沼垂テラス商店街は「地域外の人びと」が地域外から持ち込んだ商品を、観光客などの「地域外の人びと」に販売している。たとえば、手づくり家具やペット用品を販売している通称TANKONさんは、沼垂地区から車で40分ほど離れた町から週末ごとに通ってくる。また佐渡市で車のディーラーをしていた松柴さんが営むコーヒー店「紡ぐ珈琲と。」は、コーヒーとスイーツが評判で観光客の人気店となっている。

もっとも近年は、石川県金沢市の近江町市場のように観光客の利用が多くなり、集客を期待して地域外からの出店が増えている商店街もある。また、買い物客は出店者の素性をいちいち確認するわけではないので、

「地域外から」の出店であっても買い物に支障はない。

沼垂テラス商店街は、「株式会社テラスオフィス（以下「テラスオフィス」）」が土地建物の所有者であり、出店者は同社から店舗スペースを借りて営業している。通常の不動産賃貸では考えられないことだが、店舗の改装や装飾は自由である。この「自由空間」の中で、移動者である出店者が自分自身の好きなことをめざして商品を並べ、互いに売り上げを競っている。また、地域やマスコミも含めた外部との渉外はテラスオフィスが一手に引き受けることで、店子（たなこ）である出店者は比較的のびのびと営業できている。他方で、商店街のある沼垂地区の地域社会とは、直接のかかわりをほとんど持たずにいる。

### ⑵ 沼垂地区の概要

人口約77万人の新潟市（2023年）で最も人口の多い中央区の信濃川河口近くに、沼垂地区は立地する。上越新幹線の終着駅である新潟駅から徒歩15分と、比較的駅からのアクセスがよい場所である（図4-2-1）。新潟市統計書によると、2021年5月の沼垂地区の人口は2万6,362人となっている。ただし、沼垂地区の住民が認識している地区の範囲はもっ

図4-2-1　沼垂テラス商店街付近の地図（筆者作成）

写真4-2-2　1954年の旧沼垂市場
(沼垂テラス商店街フォトギャラリーの許可を得て転載)

と狭く、以前は川であった、地区の東半分の栗ノ木バイパスまでである。今回紹介する沼垂テラス商店街は、この中の沼垂東3丁目に立地する。沼垂東3丁目の人口は、1978年の397人から2022年には168人と半数以下にまで減少した。

江戸時代の沼垂地区は堀割が走り、北前船から荷物を積み換えた小舟が往き来する舟運の街であった。大正時代になると、青果物や漬物の販売が盛んになり、沼垂市場として賑わっていた(伊藤ほか 1984)。しかし、県道も時代と共に交通量が増加し、市場の移転の必要性が出てくると、1955年に新潟市の施策によって寺町堀は埋め立てられた。市場は堀を埋め立てた場所へ移転し、そこは「沼垂市場通り」と呼ばれるようになった(写真4-2-2)。

旧沼垂駅の北東側には石油会社や製紙工場があったので、沼垂市場通りとその裏の飲み屋街は工場から対岸の住宅街への通り道になり、自然に工場労働者が仕事帰りに飲食する場所となっていった。

1964年に新潟市中央卸売市場ができ、沼垂地区にあった卸売機能は中央卸売市場に移転した。しかし、その一部が沼垂地区に残り、長く連なる長屋を立てて小売業を続けた。これが現在の沼垂市場通りに連なる建物である。その後、1973年には万代地区にショッピングモールである「万代シティ」がオープンし、1980年代以降は沼垂市場の買い物客は万代シティに流れ、商売も停滞するようになった。

1990年代後半の旧沼垂市場は、飲食店や八百屋、洋品店などが17店舗立地し、まだ賑わいを残していたが、出店者の高齢化による閉店が相次ぎ、2010年には4店舗にまで減少した。ただし、長屋の建物は「東新潟市場協同組合」[13]が2014年まで所有を続けた（写真4-2-3）。

### ⑶ 注目を集めた沼垂テラス商店街

出店者の高齢化や近隣の商業施設の開業によって4店舗にまで減少した旧沼垂市場は、一体どのようにして観光客で賑わう商店街に再生したのだろうか。

現在の沼垂テラス商店街の所有者である田村寛さん[14]がその再生活動の中心人物である。沼垂地区出身の田村さんは、旧沼垂市場で郷土料理店を経営していた。次第にさびれていく市場を何とかしたいという気持ちから、「自分の店だけでなく地域全体を盛り上げたい」と、2010年に試験的に旧沼垂市場にソフトクリームと惣菜店「Ruruck Kitchen」を開いた。それに続いて、旧沼垂市場の持つ「赤茶けてさびれた雰囲気」に魅力を感じて沼垂地区外から参入した家具とカフェの店「ISANA」が2011年に、また陶芸店「青人窯（あおとがま）」が2012年に相次いでオープンした。沼垂地区を初めて訪れたときの印象について、沼垂テラス商店街で開業した初めての移動者であるISANAの店主は新潟日報の取材に対して「この場所を見たとき、夫はゾワッとしたそうです。町の中にあるのに時間が止まったような雰囲気。共感してくれる人がいるのではと思った」と述べている[15]。

13）東新潟市場協同組合とは、沼垂市場を2014年まで管理していた組合である。

14）田村さんは高校卒業後、大学進学のため上京し、1995年に家業を継ぐために新潟へ戻り、父の仕事を手伝っていた。

15）新潟日報「街なかに新たな鼓動」（2019年1月25日の 夕刊記事）から。

写真4-2-3　衰退した旧沼垂市場
（沼垂テラス商店街フォトギャラリーの許可を得て転載）

さらに、旧沼垂市場に若者が出店していることがメディアに取り上げられ始めると、出店希望者が次々に出始めた。ところが、東新潟市場協同組合のルールでは、組合員以外は4店舗以上出店できないことになっていた。そこで、田村さんと組合が話し合いを持った結果、2014年3月に東新潟市場協同組合が解散し、同年4月1日に田村さんが設立したテラスオフィスが旧沼垂市場の土地と建物を購入した。これは「Active再生プロジェクト」として進められ、結果的に4店舗目以降の出店が実現できた。

そこで、それまでの店舗単位だった貸出スペースを、シャッター1枚分（幅約1.8m、面積約5平方メートル）単位で借りられるようにすると、メディア取材や来訪者の口コミもあって、徐々に出店希望者が増えていった。このプロジェクトには、田村さんの実姉の高岡はつえさん[16]が、株式会社テラスオフィスの専務として参加していた。彼女は、「プロ

16）弟の田村さんが沼垂市場の再生に奮闘している姿を目にした高岡さんは、当時勤めていた銀行を退職し、現在は沼垂テラス商店街のマネジメントやメディア対応を担当している。

ジェクト開始時には最低4割、よくて7割の店舗を埋めたい」と考えていた。しかし1年後の2015年4月には、当初の予想を超えて全店舗が埋まった。その後、店舗は沼垂テラス商店街として一斉にオープンし、出店者が入れ替わりながらも、現在も出店が続いている。

2022年7月現在、沼垂テラス商店街の店舗は、沼垂市場通りの長屋で出店する店舗と周辺地区に立地するサテライト店舗を含めて30店舗となっている。通りには、ノスタルジックで、おしゃれな、SNS映えするカフェやガラス工房、陶芸工房などが立ち並んでいる。さびれた市場に突然できた新たな沼垂テラス商店街の、その魅力が生まれた理由には、地元住民である田村さんと高岡さんの2人の活躍だけでなく、地域外から沼垂テラス商店街にかかわりを持つ移動者の参入があった。

筆者が2020年3～5月に実施したアンケートでは、出店者の主な居住地は沼垂地区以外が17人中13人で、地域外から沼垂テラス商店街に「通勤」してくる出店者が多い。従来の商店主のように、店舗兼自宅で地域に居住しているわけではない。彼らにとっては、商店街はあくまで通う職場である。そこで、地域外からかかわる出店者たちが、どのように参入したのか、またどのようにかかわりを持っているのか、3つの店舗を紹介しながら見ていきたい。

### ①カフェ「ISANA」— 初めて沼垂地区に来た移動者

旧沼垂市場が沼垂テラス商店街としてオープンする前の2011年に出店したISANAは、新潟市秋葉区に染め物と家具の工房を持つ家具屋の、店舗兼カフェである（写真4-2-4）。ブラウンとグリーンに彩られた木目調のおしゃれな外観と店内の温かい雰囲気に惹かれ、若者が集う。染め織物職人と家具職人の中川雅之さん・なぎささん夫妻が営む店内では、夫妻が創作した作品を楽しむことができる。家具職人の中川さんがつくった家具を調度に用いた喫茶では、一杯ずつドリップしたコーヒーとイチョウ型の焼プリンが人気である。

中川さん夫妻は、共に新潟県外出身で新潟の大学を卒業後、会社員生

写真4-2-4　初期の沼垂テラス商店街を形づくった「カフェISANA」（筆者撮影）

活を経て現在の店を始めた。2011年に出店のための物件を探しているとき、たまたま見つけた沼垂テラス商店街の雰囲気に魅力を感じて出店を決心した。ISANAの店内の雰囲気と旧沼垂市場のさびれた雰囲気が合わさることで、ノスタルジックでおしゃれな街というイメージを生み出すことができた点で、いわば沼垂テラス商店街のベースイメージの創出者である。それは、移動者が持ち込んだ店舗イメージと、もともとの街並みが融合した結果でもある。

### ②「紡ぐ珈琲と。」― 商店街が注目された後にオープンしたカフェ

佐渡市出身の松柴達也さんが営むカフェが「紡ぐ珈琲と。」である（写真4-2-5）。出店は2019年だが、圧倒的な店の存在感とフォロワー数8,871人（2022年12月18日現在）のInstagramで、沼垂テラス商店街の集客の中心を担っている。こだわりのコーヒーと焼き菓子は、若い女性を中心に人気で、おしゃれな外観、内装と相まって、SNS映えするスポットとして人気となっている。

もともとは佐渡市で自動車のディーラーを営んでいた店主の松柴さんは、本業の「車屋」だけではやっていけないと常々感じていた。そこで、

写真4-2-5　沼垂テラス商店街へ出店した「紡ぐ珈琲と。」(筆者撮影)

客に気軽に立ち寄ってもらおうと、雑貨屋とカフェを併設してみた。確かに客は来たが、佐渡島の人口は減少傾向で、この先のことを考えると維持は難しいと思っていた。そこで、島外で佐渡島のためにできることはないかと思い、「佐渡のPRのため」に新潟市での出店を決めた。

沼垂テラス商店街にかかわるきっかけは、以前沼垂テラス商店街に出店していた「HOSHINO COFFEE LAB」から声がかかったことである。同店は沼垂テラス商店街から撤退しようとしていたが、ここにカフェがなくなるのは寂しいから入らないかと誘われ、HOSHINO COFFEE LABの跡と隣の店舗を合わせて広めのスペースで開店した。以前から沼垂テラス商店街のイベントに出店していた縁もあった。そのうえ、沼垂テラス商店街に来る買い物客にリピーターが多いことも決め手になった。

そして、出店するからには商店街の一部になりたい、沼垂地区をよくしたいという思いもあった。現在は、沼垂地区に住む常連客と一緒に朝のゴミ拾いをするなど、沼垂地区の住民との交流を深めている。この点で松柴さんは、第2章の図2-1の④に該当する「地域課題の解決や理想的な地域の実現をめざす移動者」となっている。ゴミ拾いは地域が望ましい状態になればよいと考えて取り組んでいることであり、私的な利益とは異なり、地域に価値を生み出す取り組みといえる。

### ③「TANKON」― 店舗シェアやコラボでつながりを生む家具店兼雑貨屋

「TANKON」は、複数の店舗がスペースをシェアする家具店兼雑貨屋である（写真4-2-6）。オーナーのTANKONさんは、沼垂地区外にある自宅作業場で手づくりの家具や雑貨を制作している。沼垂テラス商店街のオープン前のイベントに参加した際、テラスオフィス側からの誘いがきっかけで出店を決めた。

TANKONさんは、平日は内装設計の仕事をしながら、週末は沼垂テラス商店街で家具店兼雑貨屋を営んでいる。店のスペースを貸店舗として知人に貸すこともある。また、毎月のように行われる沼垂テラス商店街の「朝市」などのイベントでは、出店者以外の飲食事業者の出店を促進する役割も持つ。出店者でなくても気軽に沼垂テラス商店街という場に入りやすくする、ゲートウェイの役割も担う店舗である。

## ⑷ 新たな発想による商店街の運営のしくみ

沼垂テラス商店街はテラスオフィスが所有しているが、商店街の運営

写真4-2-6　商店街の角地に建つ家具店兼雑貨屋「TANKON」（筆者撮影）

はテラスオフィス以外も参加して、組織的に行われている。運営組織は、大きく分けると沼垂テラス商店街の出店管理を行う「沼垂テラス商店会」「テラスオフィス」「朝市実行委員会」の3つである。組織構造としては、沼垂テラス商店会の下に、朝市の運営を行う朝市実行委員会と沼垂テラス商店街の出店者の管理を行うテラスオフィスが存在する（図4-2-2）。一部の重複はあるが、各組織のメンバーは異なっている。

まず、沼垂テラス商店街を運営するテラスオフィスは、2014年4月に「Active再生プロジェクト」を進めるために発起人の田村さんが創設した株式会社である。テラスオフィスは、田村さんと姉の高岡さんが経営している。出店者から見ると、テラスオフィスは「大家」であり、主に出店者の選定やテナント料の徴収、メディア・取材対応やSNSでの発信を行っている。

次に、朝市実行委員会は、田村さん、企画・運営の猪股俊之（通称「文旦（ぶんたん）」）さん、出店者を取りまとめる常設店代表者、プレスリリース担当者の4人で運営している。もともとは沼垂朝市の会場となる公道の車両通行止めを申請するために、朝市実行委員会が設立された。現在は朝市の企画・運営全般を担う場となっている。実際には、文旦さんが朝市のイベントを企画し、朝市実行委員会で調整したうえで、最終的に沼垂テラス商店会から承認をもらうという構造をとっている。なお、沼垂地区の住民の意見もイベントに取り入れるために、企画・運営を担当する

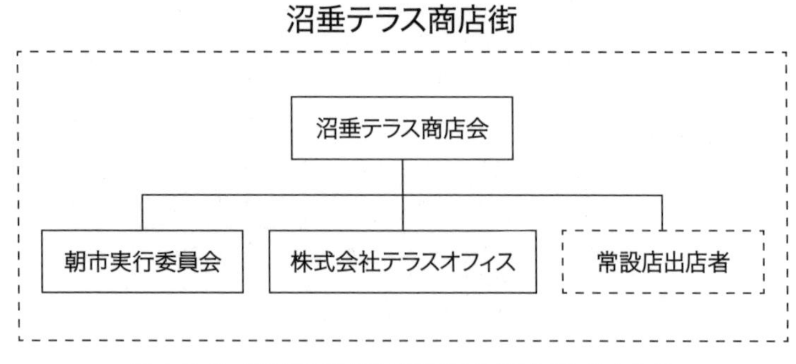

図4-2-2　沼垂テラス商店街を形成する組織（筆者作成）

沼垂出身の文旦さんが住民代表も兼ねている。

沼垂テラス商店会は、上記の２組織と沼垂テラス商店街の出店者それぞれが参加する組織である。ここは、実質的に沼垂テラス商店街の運営全体にかかわる内容を相談する場となっており、テラスオフィスもそのメンバーであるという構造になっている。3つの組織の運営にはいずれも田村さんが参加しており、それぞれのミーティング内容などは、田村さんによって他の組織にも共有される。

### ⑸ 沼垂地区を訪れる観光客の増加

かつてのさびれた旧沼垂市場は現在、つい写真を撮りたくなる、おしゃれな沼垂テラス商店街として、人気観光スポットになった。若者を中心に多くの人びとが興味を示したことで、県内の雑誌や新聞、テレビなどのメディアに取り上げられる機会が増えていった。さらに、県内だけではなく、全国誌や台湾の雑誌などでも紹介されるまでになった。

旧沼垂市場からの画期的な商店街再生の特徴は、メディアで取り上げられることによって、商店街から観光スポットへと変化したことだ。紹介されるたびに県内外からの観光客は増えていった。沼垂テラス商店街は、メディアからの注目度の高さと観光客の増加によって、再生をめざす商店街関係者や地域再生の研究者からも注目されるようになっていった。沼垂テラス商店街を運営するテラスオフィスは、視察者向けのツアーや説明会、冊子などの準備を進め、この場所の魅力の整理と発信にもつなげている。

観光客が増えた背景には、メディアの力はもちろん、沼垂テラス商店街がオープン前から地道に行ってきた集客イベントの役割も大きい。それが、毎月第１日曜日に開催される朝市と冬市[17]である。沼垂テラス商店街の常設店の出店者も含め、60店舗ほどが開店し、多いときには１日約5,000人の買い物客が訪れる。

---

17) 朝市は4月から11月に、冬市は12月から3月に開催されている。

朝市では、コンセプトを決めて運営することもある。たとえば、「パン祭り」であれば、新潟県内の人気のパン屋が朝市会場に招待される。また、「ボーダー祭り」であれば、道端が「ウォーリーを探せ」のようにボーダー服を着た人びとで溢（あふ）れ、通りをいっそう賑やかにしてくれる。田村さんによると、イベントの効果もあり、新型コロナウイルス感染症拡大前は、買い物客の約７割が県外を含めた新潟市外から訪れてくる観光客で占められていた。テーマ設定や季節ごとに工夫を凝らした朝市は、沼垂テラス商店街に買い物客が初めて足を運ぶきっかけとなった。

朝市の案内や交通整理を行っている「サポーター」と呼ばれるボランティアは、新潟市内の高校生・専門学校生・大学生が主で、毎回15人ほどが参加する。参加時間に応じて、サポーターには沼垂テラス商店街内で使える手づくりカードの「かわいい商品券」が渡される。朝市や冬市にサポーターとして参加する目的はさまざまだが、「一度沼垂テラス商店街に遊びに来たら楽しかった」「仕事と家以外のつながりが欲しいから」という意見が目立った。また、近隣の大学や専門学校に通う学生は、「自分の研究につなげるため」「ゼミの先輩からサポーターの役割を受け継いでいるから」など、学校の課外活動として取り組んでいる例もある。

このように、観光客、サポーター、そして出店者まで、それぞれが自分のニーズや目的に沿ってかかわることができる設計となっているのが沼垂テラス商店街の運営である。徐々にかかわりを深めて、沼垂テラス商店街の内部に入っていくしくみが興味深い。つまり、移動者が沼垂テラス商店街の活動にかかわることができる多様な入口が用意されている。

また、朝市開催と併せて、沼垂地区を盛り上げることを目的にした団体「なじらね沼垂」や周辺の酒蔵もイベントを行っている。2021年８月の朝市開催日には、沼垂テラス商店街や酒蔵「沼垂ビール」が共同で、浴衣を着て酒を楽しむまち歩きを企画した。沼垂地区に多数の来訪者を呼び込む朝市は、沼垂テラス商店街周辺の団体が開催するイベントも誘発している。

### ⑹ 地域へのかかわりを強制されない自由空間の創出

沼垂テラス商店街は、沼垂東3丁目の自治会に含まれる。高岡さんや自治会長は口を揃えて、沼垂地区住民は「来るもの拒まず、去る者追わず」の精神を持っているという。そのため、地域外から移動者が沼垂地区に入ることに対しては抵抗が少ないという。その一方で、沼垂テラス商店街の運営や朝市を開催することへの反対もあった。沼垂テラス商店街の活動が地区住民の生活の邪魔になるなどの苦情がいくつかあったと文旦さんが述べている。しかし、沼垂地区住民との接触が意外に少ないことも、沼垂テラス商店街の特徴である。商店街と沼垂地区の関係をどう評価すればよいだろうか。

自治会長が「沼垂テラス商店街は、本当に突然できたという印象」と話すように、同商店街がオープンする2015年4月まではテラスオフィスをはじめとする沼垂テラス商店街関係者と地域とのかかわりはほとんどなく、同商店街をオープンするという説明もなかったという。しかし、朝市の規模拡大に伴う車両通行止めの許可を得るために、自治会長の許可が必要であったので、テラスオフィス側が自治会と接点を持った。オフィス側は、イベント開催の承諾や交通規制などを自治会長に相談し、自治会長も毎回、朝市の様子を見に来ている。

地域で何かを始める際には、地域住民をはじめとする地域関係者に配慮し、積極的に地域と接点を持つことが必要とされる。しかし、沼垂テラス商店街では、出店者たちは沼垂地区と直接の関係をほとんど持っておらず、商店街が独立して組織的に運営されている。この点では、沼垂テラス商店街は沼垂地区の中にできた新たなコミュニティといえ、第2章の表2-1の③「分離」の状態である。ただし、テラスオフィスが地域との調整役となり、出店調整だけでなく、出店者と地域との調整も担っている。

もちろん、地域とのかかわり方は出店者の自由である。ある出店者は沼垂地区の祭りに参加し、地区の住民と一緒に神輿（みこし）を担いでいる。しかし、ほとんどの出店者は地域との接点を持たず、店の前での挨拶程度だという。彼らは、地域への興味は少ないようだと高岡さんは話している。その理由は、店舗規模が小さいことや、ビジネス経験が浅く、出店だけで精いっぱいの状況だからだという。

こうした状況は、移動者である出店者が地域を気にすることなく自由に振る舞えることを促進している。その点では、沼垂テラス商店街は移動者が沼垂地区の空間の一部を使って自由な発想で事業をすることを許容しているといえる。よそ者である移動者として地域に入り、地域に過度に配慮することなく、自分の店の経営や事業拡大に専念できている。彼らはスキルを生かし、観光客相手に商品やサービスを販売することで価値を生み出すという点で、図2-1の③「自身の活動に有利な条件・環境を求める移動者」である。そして、出店が成功するという私的動機が彼らにとっての原動力である。こうして地域からの分離と活動の自由を保証した結果、沼垂テラス商店街では、さまざまなクリエイティブな活動や事業が実現している。

### (7) 移動者を支援するテラスオフィスの役割

テラスオフィスは、出店者と旧沼垂市場の建物を結びつけ、移動者である出店者に活動機会を与えている。出店者が自由に店舗や事業形態をデザインしたいというニーズを、沼垂テラス商店街という「プラットフォーム」上で実現させている。その背景には、商店街を所有しているテラスオフィスが管理を一元的にできていることがある。その管理のおかげで、移動者である出店者は自由に営業活動し、商品やサービスを販売できている。ほとんどの出店者が地域外から沼垂地区に通ってきている移動者だが、テラスオフィスが構築した沼垂テラス商店街をプラットフォームとすることで、ハンディなく事業ができている。

地域とのかかわりをつくり出していた出店者は、調査した全17店舗のうち2店舗と少なく、地域との関係は薄い。また、出店者が入っている沼垂テラス商店街の長屋は沼垂地区の歴史がつくり出した地域資源であるが、主に沼垂のものを販売しているという店はなかった。もちろん、沼垂の雰囲気に惹かれて出店を決意したという店もあるが、テナント料の安さやテラスオフィスのサポート、既存出店者に影響されて決意したという出店者も多い。このように、沼垂テラス商店街の出店者は、必ずしも沼垂地区に関心を持って出店しているわけではない。つまり、地域外からやって来た人が地域のものを使わずに、沼垂地区の賑わいの再生という地域振興に貢献していることになる。このことに対する批判はあるだろう。それは、地域外資本の大型店舗が地域に進出して賑わいをつくり出していることと同様ではないかという批判である。

地域外資本による大型店舗の地域への進出と沼垂テラス商店街の事例が異なる点は、まずその場をつくり出した田村さんが沼垂地区の住民であり、第1章で触れた「地域内よそ者」であったことである。彼が新たな視点を持ち、移動者である出店者が活躍できる「舞台」を用意したと考えられる。地区内にこうした自由な創造空間を持つことは、地区に負の影響がなければ許されるはずであり、出店者と沼垂地区のかかわりが薄いことを単純に批判すべきではない。

もう1つの違いは、ノウハウや付加価値が沼垂地区に残っている点である。地域外資本の大型店舗の進出では資本やノウハウを地域外に依存することが多いが、沼垂テラス商店街では、価値が低下した旧沼垂市場を地区の関係者のノウハウで活性化し、価値を高めていた。ここで、地域外資本の大型店舗の出店を批判したいわけではない。むしろ、受け入れる地域側の関係者と出店者が創発的に工夫し、ノウハウが地域に残ることを評価すべきであり、沼垂テラス商店街のテラスオフィスと朝市の関係者の創発は、その例になり得る。

移動者が地域にかかわる場合、地域との関係が薄いことを批判されることも多い。しかし、地域貢献に興味がない移動者の存在を認めてもよいのではないか。そうすることで彼らは自由に振る舞い、第1章で触れた「よそ者性」を発揮して創造的な仕事や活動ができる。すべての移動者に地域に役立つことや地域のためになる貢献を求めることは、「よそ者としての良さ」を損なうことになりかねない。

次に、プラットフォームの役割について述べる。沼垂テラス商店街の出店者は、地域に直接入るのではなく、沼垂テラス商店街というプラットフォームを利用することで、地域で活動できていた。これに関して、田中 (2017) は、関係人口を増やすために必要な機能として「関係案内所」が必要だとしている。関係案内所とは、地域でおもしろい活動をしている個人や地域が必要としている役割などを移動者に伝え、一方で地域へのかかわり方も案内する場所である。沼垂テラス商店街におけるテラスオフィスはその役割を果たしていると考えられる。沼垂テラス商店街に興味を持った出店者予備軍は、最初にテラスオフィスにコンタクトを取り、既出店者につなげてもらったり、事業計画書作成のサポートを受けたり、出店のための準備を始めることができる。まさに、テラスオフィスは、関係店舗の場所へのかかわり方を案内する役割を担っている。こうしたプラットフォームの存在は必要である。

### ⑻ 地域とのライトなかかわりによる価値創出

沼垂テラス商店街の出店者は、店舗の改装や事業に制約のない「自由空間」を利用し、各店舗が創意あふれるさまざまな活動をしている。こうした活動は、地域外の観光事業者が地域に関係ない土産物を地域のものとして販売するような例に似ていると考えられるが、これは地域外から来た「よそ者の悪い例」として批判されてきた。しかし、一度衰退して使われなくなった場を新しいイメージに再生し、移動者が活躍できる自由空間を用意したのであれば、地域側の工夫として許されるのではないか。その点では、個人の創意工夫とは相容れない量販店の地域への進出とは一線を画することができる。量販店は統制された場が地域に進出することである。それに対して、沼垂テラス商店街は「市」であり、そこは参加してくる出店者の自由な活動がある。ただし、その自由さを維持するにはテラスオフィスのような調整役となる存在やプラットフォームを必要とする。

関係人口は、地域にとって役立つ移動者を歓迎する提案である。しかし、移動者は何も地域のために活動したいと思っている人びとばかりではない。彼らは、創意工夫できる場所や機会を求めているだけなのかもしれない。その場として地域が一定の場や機会を提供できれば、移動者の良さが発揮でき、そのメリットの一部を地域が受け取るだけでもよいのではないか。つまり、地域への関心をもとに地域で暮らしたり、地域との関係を深めたりすることをめざして地域に移住するだけではなく、地域に関心がなくとも、場を通じて間接的に地域に関与できるライトなかかわり方でも、しくみが伴えば地域で価値を生むことができるのではないだろうか。

参考文献

伊藤鼎ほか（1984）『ぬったり：沼垂定住三百年記念誌』伊藤鼎編、沼垂定住三百年記念祭実行委員会、258p.

田中輝美（2017）『関係人口をつくる：定住でもない交流でもないローカルイノベーション』木楽舎、255p.

## 3. 過疎地で起業をめざす地域おこし協力隊員 ——福島県西会津町

福島県の北西部に位置する人口5,600人ほどの福島県西会津町は典型的な過疎地域である。西会津町には、地域おこし協力隊員をはじめ、多くの移住者が来ている。受け入れる団体「BOOT」のコンセプトである「未来ある過疎」に惹かれてやって来る者も多い。本節では、BOOTの活動や移住者へのサポートを紹介し、人口減少時代の地域と移住者の関係について考察する。

### ⑴ 過疎の町に惹きつけられる都市の人びと

2022年10月21日の夜、港区南青山の「表参道 BENE-」には、「西会津ナイト2022」に参加する30～40代の西会津ファンが集まっていた(写真4-3-1)。西会津ナイトとは、町のPRを目的に、西会津町が2017年から東京や大阪で主催しているイベントである。6,000人に満たない小さな町に、今まで縁がなかった都市の人びとがなぜ惹きつけられるのだろうか。

2年ぶりに開催されたイベントは、西会津町のブランド米の紹介を兼ねたトークショーや音楽ライブで盛り上がっていた。このイベントのモデレーターの1人は、大阪で働いていたが、地域おこし協力隊制度を利用して西会津町へ移住した西道紗恵さんだ。もう1人は矢部佳宏さんで、西会津町出身の彼は、カナダや上海でランドスケープデザイン[18]の仕事にかかわり、Uターン者として西会津町へ戻った。現在は、西会津町で移住者の受け入れをサポートする一般社団法人BOOT(以下「BOOT」)の代表理事である。

18) ランドスケープデザインとは、空間を景観としてとらえるだけではなく、人がかかわる風景をデザインすることで、人と自然の好ましい関係をつくり出すことである。

写真4-3-1　東京で開催された西会津ナイト
（左が西道さん、右が矢部さん、筆者撮影）

## ⑵ 過疎が進む西会津町

西会津町は福島県の北西部、新潟県との県境に位置する面積約300km$^2$の地域である。北には磐梯朝日国立公園があり、飯豊（いいで）連峰が近く、会津盆地を縦断する阿賀川が町の中央を流れる。西会津町は「会津の霊地」信仰の里としても知られている。江戸時代から明治時代の初期には、阿賀川を利用した舟運と多くの人びとが行き交う越後街道の宿場町として栄えてきた。水稲生産や木工などの伝統工芸の他に目立った産業はなく、稲作が農業生産の半分以上を占める米作地帯である（写真4-3-2）。

西会津町の人口は5,630人（2023年5月現在）だが、他の地方の市町村と同様に人口減少が進んでいる。1950年の1万9,611人をピークに減少し続けており、町による2040年の人口推計値は3,473人となっている。

人口減少と共に高齢化も進み、2020年11月現在の高齢者比率は47％である[19]。また町内の90自治区のうち、65歳以上の高齢者の割合が50％を超えている自治区は、2020年4月1日現在で54自治区ある。さ

19）2020年10月の国勢調査をもとに西会津町が推計した値である。

**写真4-3-2　西会津町の集落風景**（写真提供：青津京介）

らに、65歳以上が70％以上を占める自治区は13自治区あり、うち7自治区は9世帯以下で、地域の維持が危ぶまれる状態である。こうした人口減少によって空き家は町内の13％に達し、耕作放棄地の増加や獣害などの地域課題も顕在化している[20]。

これに対し、町は移住促進に力を入れてきた。移住者数は2015年から年ごとに増加しており、2020年の西会津町への移住者数は8組10人である。移住相談も年々増加し、2020年には105人の相談を受けている[21]。移住促進の一翼を担っているのが、2018年度から西会津国際芸術村（以下「芸術村」）の指定管理者として町から芸術村の運営を委託されているBOOTである。

20）西会津町（2022）『西会津町デジタル戦略（令和3年3月）』を参照のこと。

21）上記に同じ。

### (3) 特徴的な西会津町の地域おこし協力隊制度

西会津町に移動してくる移住者は、地域おこし協力隊制度[22]を活用することが多い。2013年から2023年までの10年間で、33人の地域おこし協力隊員がこの町に移住してきた。

西会津町の地域おこし協力隊には2つの採用タイプが存在する（図4-3-1）。1つ目は、地域課題解決のために町が直接採用する協力隊員である。彼らは、移住促進や伝統文化の継承など、西会津町の地域課題の解決をミッションに活動している。第2章図2-1の④「地域課題の解決や理想的な地域の実現をめざす移動者」であり、西会津町では10人の協力隊員が活動している。

もう1つは、BOOTが直接採用に携わる起業希望者である。2018年

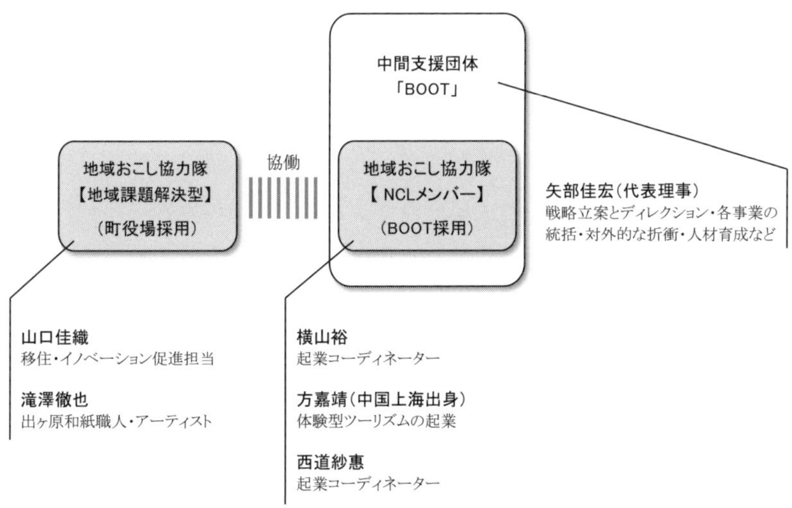


図4-3-1　西会津町の２つの地域おこし協力隊の関係（筆者作成・敬称略）

---

22) 地域おこし協力隊制度とは、2009年度に総務省によって設けられた制度である。総務省によれば「都市地域から過疎地域等の条件不利地域に住民票を異動し、地域ブランドや地場産品の開発・販売・PR等の地域おこし支援や、農林水産業への従事、住民支援などの『地域協力活動』を行いながら、その地域への定住・定着を図る取組」と説明されている。隊員は各自治体の委嘱を受け、任期はおおむね1年から3年としている。2021年度で約6,000人の隊員が全国で活動しているが、国はこの隊員数を2026年度までに1万人に増やす目標である。

度から3年間、東京にある一般社団法人NCL（Next Commons Lab）と業務提携を結んで、起業プログラム「NCL西会津」として協力隊員の受け入れをしている。このタイプで採用された隊員のミッションは、任期中に西会津町で起業することである。こちらは図2-1の③「自身の活動に有利な条件・環境を求める移動者」である。現在までにNCLメンバーとして8人の協力隊を受け入れている[23)]。

### ⑷ 地域おこし協力隊員の地域とのかかわり

まず、福島県出身の横山裕さんは、新潟県の大学を卒業後、新潟県内で就職し、都市計画や観光まちづくりのコンサルタントとして活動していた。たまたま西会津町で地域おこし協力隊員を募集していることを知り、東京で働くという選択肢もあったが、福島県へのUターンを決意した。2019年に西会津町に来た横山さんは、起業を志して西会津町へ来訪する人びとをサポートする「起業コーディネーター」である。それまで都市計画やまちづくりに携わっていた経験を生かし、起業支援をしている。地域おこし協力隊として働く彼は、第2章の図2-1の④「地域課題の解決や理想的な地域の実現をめざす移動者」なのだが、自分自身も起業するので、③「自身の活動に有利な条件・環境を求める移動者」でもある。

彼は西会津町で起業を志す人びとをサポートしたいと考えているが、それは西会津町での定着と同義ではない。その理由は、せっかく起業できても、西会津という小さな経済圏だけではビジネスの維持が難しいからだ。そこで、地域外から「外貨」を稼ぐことでビジネスの維持をめざし、その次に定着させることを考えている。そのため、彼は任期終了後に求められる地域への定着より、起業に関心が高い人びとをサポートしている。

---

23）現在はNCLとBOOTとの業務提携は終了し、起業プログラムとして受け入れたメンバーは地域おこし協力隊員として活動を継続している。しかし起業をめざしているので、そのままNCLメンバーとした。

次に、中国上海出身の方嘉靖さんは、東京の大学を出てホテルに就職したが、観光ビジネスを起こしたいという夢があり、東京で起業した。東京に拠点を残したまま、NCLメンバーとして2020年8月から西会津町に滞在している。西会津町を選んだ理由は、滞在型観光による新たなビジネスを自然豊かなこの地で生み出すためである。良い条件の土地での起業を志しているので、図2-1の③「自身の活動に有利な条件・環境を求める移動者」である。彼の夢は、そのモデルを世界へ発信することである。方さんはこの町に「未来性」を感じ、また矢部さんの考えや芸術村、NCLのコーディネーターにも魅力を感じている。この点に注目すれば、図2-1の②「アメニティや地域とのつながりを求める移動者」でもある。現在は同じNCLメンバーとして、コーディネーターの横山さんとビジネスの構想を練っている。

さらに、本節の冒頭で紹介した西道さんは、大阪でコピーライターをしていた2019年11月に、職場近くで開催された「大阪・西会津ナイト2019」に参加したことがきっかけで、矢部さんをはじめとするBOOTの関係者と知り合い、西会津町に興味を持った。2020年4月に「とりあえず遊びに行ってみよう」と西会津町を訪れ、そのまま起業を志すタイプの地域おこし協力隊員をサポートする役割を担う、横山さんと同じく起業コーディネーターの立場で活動するようになる。

何もない町で自分がどう生きていくかトライしたいと考えた西道さんは、新しい土地で自分の新たな能力を開発できることに魅力を感じていた。ここでは「今までのスキルは10％くらいしか通用しない」ので、自ら課題を探し出し、解決する能力を身につけようとしている。ここで生きていければ、世界中どこででも生きられると、西会津町以降の自身のキャリアを考えている。彼女も図2-1の③「自身の活動に有利な条件・環境を求める移動者」である。

西道さんは「何でもやりながら考えなくてはならない」と思い、インプットとアウトプットを繰り返し続けることを心がけている。特に目まぐるしく状況が変わり続けるコロナ禍では、柔軟な姿勢で動き続けることが重要だった。その考え方は、BOOTの矢部さんが日頃よく口にしている「走りながら考える」ことと同じである。横山さんによれば、「矢部さんのフィロソフィーに共感して集まる人が多い」ので、西道さんもその１人なのかもしれない。一方で、特定のリーダー１人が突っ走るのはよくないので、矢部さんに続くリーダーが必要であると横山さんは指摘する。

本節で取り上げた３人の移動者は、東京や大阪などでそれぞれ仕事をしていたが、西会津町の地域おこし協力隊制度を利用して町に移住してきた。横山さんは、西会津町以外の商圏でビジネスを起こすことを念頭に置いていた。方さんは、西会津町で成功モデルを構築し、将来的には世界へ横展開することを考えていた。西道さんは、今後のライフキャリアを意識して西会津町での生活を選んだ。従来の地域おこし協力隊制度は、任期後の地域への定住を前提としているが、西会津町では協力隊の任期後の定住よりも、任期中の起業を優先していることが特徴的である。

一方、地域課題解決型の地域おこし協力隊員である山口佳織さんは、滞在アーティストとして2015年から西会津町にかかわってきた。名古屋市出身の山口さんは都会生活が長かったが、西会津町の最初の印象は「懐かしい感じ」であった。西会津町には芸術村があり、アーティスト活動を積極的に支援するアーティスト・イン・レジデンス[24)]で国内外からアーティストが来訪する機会が多かった。一時滞在者としてやって来た山口さんは、滞在中に徐々にこの町の魅力に引きつけられていった。町役場やBOOTの関係者と交流を深めたことで、信頼関係も築けた。そして、周囲の勧めもあり、2018年から地域おこし協力隊として町外からの移住促進にかかわってきた。2021年には、多目的コミュニティスペース「西会津商店」を町内で開業した。山口さんの場合は、まず図2-1の②「アメニティや地域とのつながりを求める移動者」として地域

24）アーティスト・イン・レジデンスとは、アーティストが特定の地域に滞在し、創作活動を行うことと、その受け入れのしくみを指す。

に定着し、その後に④の「地域課題の解決や理想的な地域の実現をめざす移動者」に変容している。

彼女は自分も都会からこの町に来て地域に「とりつかれた」移住者なので、この土地の良さをよく理解できた。移住相談に来る人と一緒に町内をまわり、食や景観を通して町の良さに直接触れてもらうようにしている。「西会津町は、好奇心旺盛で、何にでもチャレンジができる人ならなじめる」が山口さんの思いである。しかし、都会で平穏に暮らしていた人の中には「田舎暮らし」には向かない人もいて、いったん移住しても、西会津町での生活になじめず都会に戻る人もいる。

滝澤徹也さんは、芸術村の滞在アーティストとして西会津町にやって来た。地域で伝統的につくられていた出ヶ原(いづがはら)の和紙[25)]再生のためのプロジェクトの展示やワークショップなどを通じて、2012年から西会津町とのかかわりを深めた。2018年からは地域おこし協力隊の一員として、出ヶ原和紙の製作と広報の役などを担っている。伝統を地域へ残すために、国内だけでなく、リトアニアやインドをはじめとする海外各地で展覧会やワークショップを開催してきた。

以前は関東などを拠点としていた滝澤さんは、国内の複数の和紙生産地で技術継承や無形文化財の再生に和紙職人としてかかわってきた。西会津町は、地域資源が豊富で、よそ者に対する地域の人びとの寛容さと、新しいことに挑戦できる自由さがあると感じて移住した。滝澤さんもまた、図2-1の③「自身の活動に有利な条件・環境を求める移動者」である。

こうした山口さんや滝澤さんのような存在が地域にかかわる中で、地域の課題を解決する役割を担うことが西会津町では進んでいる。図2-1の③「自身の活動に有利な条件・環境を求める移動者」はどのようにし

25) 西会津町出ヶ原で製造された「出ヶ原紙」は、会津藩の公文書用紙に使われていた。昭和30年代にいったん製造は途絶えたが、滝澤徹也さんと地元有志の手で製造が再開された。伝統的な製法を維持し、現在も多くの工程を手作業で行っている。(出ヶ原和紙工房Webサイト〈https://washi-izugahara.com/archives/find/history　2023年7月28日アクセス〉)

て④に該当する「地域課題の解決や理想的な地域の実現をめざす移動者」に変容するのだろうか。そこには、中間支援団体としてのBOOTの存在があった（写真4-3-3）。

### (5) 中間支援するBOOTの役割

前述したBOOTは3つの事業を行っている。1つ目は、芸術村の運営管理である。2002年に廃校となった町内の新郷地区にある中学校の校舎を2004年にリノベーションし、芸術家などのクリエーターの交流拠点として、芸術村は開村した。2012年からは、海外からUターンしてきた矢部さんがコーディネーターとして参加し、2018年以降は指定管理者としてBOOTが運営を受託している。2019年度は一般来館者4,329人（うち海外25人、県外1,409人）を受け入れたほか、滞在したアーティストは34人、宿泊日数は合計66泊であった。なお、2014年度からの滞在アーティストの累計は213人となっている。

BOOTは、芸術村に来訪する一般の人やアーティストに対して積極的に移住相談に応じており、2015～2020年度までに、34組40人の移住者のマッチングに成功している。矢部さんはこうした取り組みについ

写真4-3-3　BOOTのメンバーたち（筆者撮影）

写真4-3-4　古民家ホテル「NIPPONIA 楢山集落」(筆者撮影)

て、地域内外の交流機会を通して、西会津町で新しい働き方、暮らし方をつくり、過疎地型起業を生み出す「土」としての役割を果たしたいと述べている。

2つ目は、交流人口の拡大を目的とした古民家事業である。BOOT は一般社団法人「ノオト」と業務提携を結び、2019年に町内の楢山集落で古民家ホテル「NIPPONIA 楢山集落」を開業した(写真4-3-4)。このホテルは、築130年の古民家をリノベーションしたものだ。ランドスケープアーキテクトとして、カナダや上海などで活躍した矢部さんが自ら設計と施工にかかわった。豊富な自然に恵まれた楢山集落の里山は、BOOT が理想とする「未来ある過疎」のお手本になるとされている。

そして、3つ目が地域おこし協力隊制度を活用した独自の起業家育成をめざす NCL 西会津である。地域おこし協力隊制度は任期満了後に地域に定住することを目的としているが、本プログラムのミッションは定住ではなく「起業」である。芸術村にやって来るクリエーターに起業を促し、町内で新たなサービスを創出させることで地域の再生をめざしている。

以上の3事業は、図4-3-2に示すように BOOT が運営している。一方、

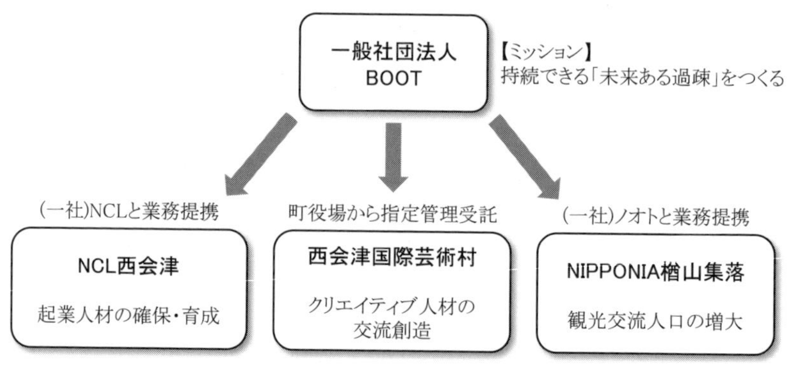

図4-3-2　BOOTの３つの事業（筆者作成）

矢部さん以外の地域の関係者は、こうした事業にはかかわっていない。この点では、第2章の表2-1の価値観を共有する仲間と新たなコミュニティを形成している③「分離」のようにも見える。

矢部さんは、地域に人を呼び込む定住ではなく、起業を目的にした新しい人材確保の方向性を模索している。地域に来る人は、地域のためになりたいではなく、それぞれの自己実現のために来ると考え、その答えを起業に見出そうとしている。第2章の図2-1の③「自身の活動に有利な条件・環境を求める移動者」の存在を基本的に認めようとしている。過疎地域でのこうした活動は日本の過疎化対策のモデルとなり得るが、矢部さんはここで成功モデルをつくりたいと考え、「未来ある過疎化モデル」を強調する。西会津町で移住や起業促進を通じて人材育成をする意義はそこにある。

矢部さんは、西会津町の地域性として「自分でやれることは自分で取り組む人が多い」をあげ、地域の主体的な動きに期待している。矢部さんはBOOTのリーダーだが、自分だけの思いや主張ではなく、ランドスケープデザインという共通の哲学を共有した人びとが支えて欲しいと考えている。そのため、関係者と議論し、時間をかけてゆっくりと合意形成することを心がけている。先ほどBOOTの事業と地域社会の関係は③「分離」のように見えると述べたが、やはり地域社会で存在が認められることで、③「分離」ではなく、地域の人びとと対等な関係性を保つ④「共生」をめざしていると考えてよいだろう。

ところで、西会津町でのBOOTによる人材確保と育成の取り組みには、いくつかの特徴がある。

まず、移動している人びとの「定住が終着点」という縛りを緩め、起業を目的として人材を確保する点が指摘できる。「定住からの解放」によって、地域おこし協力隊員やクリエーターたちは図1-1で説明した「よそ者性」を維持したまま西会津町で活動できる。また、移動してきた人びとの活動場所を西会津町に限定しない「西会津経済圏からの開放」も考えている。こうした解放と開放をBOOTがめざしていることで、地域おこし協力隊員やクリエーターたちの心理的なハードルを下げられたことが、結果的に若手人材の確保の成功に寄与している。

次に、地域にかかわろうとする人材とビジョンを共有することである。NCLメンバーの採用は矢部さんや山口さんなど、複数で行っている。その採用では、外部斡旋業者を活用して地域に来る移動者を探す自治体も多いが、西会津町では東京や大阪で開催する町の広報イベント会場で、来場者と直接コンタクトをとっている。この方式による活動には時間も労力もかかるが、ランドスケープデザインの考え方の共有などが事前にできるため、移動後の協働にも支障が少ない。また、芸術村には国内外から年間4,000人を超える多くの来訪者がある。来訪者には、矢部さん自身が芸術村の考え方などについてプレゼンテーションし、受け入れる地域側の考え方を最初に伝えている。地域で活動する際に、ビジョンを共有することは重要だからだ。

特に地域のためではなく、自己実現のために活動できるというメッセージは、「自身の活動に有利な条件・環境を求める移動者」には響くだろう。そして、何をするかを考える時間をつくることで、自ら課題を探し、解決策の提示にたどり着いていく。前述した西道さんは、NCLメンバーとなって、日々考えることが多くなったし、効率を求めていた都会暮らしとは違うと感じている。地域の課題解決方法はマニュアルがあるわけでもなく、矢部さんが答えを持っているわけでもない。移動者たちはそこで自問自答しながら、図2-1の④に該当する「地域課題の解決や理想的な地域の実現をめざす移動者」に変容していく。

さらに、BOOTは場づくりを積極的に進めている。敷田ほか(2012)が主張するように、地域づくりの推進を決定する要因は、内外の多様な関係者が交流する「場」の創出である。西会津町では、芸術村がその場となり、よそ者である移動者にとっての居場所にもなっている。居場所は心理的な安心を生み出し、安心を得ることで、クリエーターたちは自由な芸術活動やアイデアを創発しやすくなる。芸術村は交流の「場」としての機能を果たしている。

### ⑹ よそ者自身の変化

地域おこし協力隊や芸術村にかかわった移動者は、西会津町でさまざまな活動にかかわるうちに、どのように変化していったのであろうか。ここで、西会津町に移住した2組の移住者の様子を紹介しよう。

西会津町に移住し、現在はゲストハウスを営むのが佐々木雄介さん・祐子さん夫妻である。2人とも福島県内の出身であるが、西会津町の出身者ではない。2人は雑誌の記事で芸術村のことを知って来訪し、矢部さんや芸術村のスタッフと話をする中で西会津町が気に入り、結婚直後の2017年に移住した。佐々木雄介さんは芸術村のスタッフ、佐々木祐子さんは西会津町の地域おこし協力隊員になった。それは、第2章図2-1の③「自身の活動に有利な条件・環境を求める移動者」の立場であった。

現在、佐々木さん夫妻は西会津町上野尻地区の下駄屋をセルフリノベーションしたゲストハウス「ひととき」を経営している(写真4-3-5)。「友人の家に行くように気軽に福島を訪ねてほしい」がコンセプトの小規模な宿である。ゲストハウスの経営は順調で軌道に乗り、現在はゲストハウスの仕事を中心とした暮らしを続けている。ゲストハウスは今ではSNSを通じて宿泊客が全国から訪れる、町内人気のスポットとなっ

写真4-3-5　ゲストハウス「ひととき」の佐々木さん夫妻（筆者撮影）

ている。

また、2021年には新たな仲間も加わった。東京からゲストハウスを訪問したことがきっかけで、スタッフとして加わった岡田菜緒さんだ。ひととき内に併設するカフェCHAMISEを担当する。2021年6月には、ひとときから徒歩2分の場所に、ワークプレイス「いとなみ」をオープンさせた（写真4-3-6）。ひとときと同じく、古民家を借り受けて、佐々木さん夫妻が仲間と一緒に半年間かけてセルフリノベーションした。1階に私設図書館、2階にはシェアオフィスを併設している。地域の人びとはもちろん、ひとときのゲストも自由に利用することができ、地域内外の人びとが交流する拠点として機能し始めている。ただし、地域資源を借りて運営している点で、彼らは第1章の図1-1の「資源所有者」ではなく、（地域外向けの）「商品・サービス創出者」である。

しかし、コロナ禍で変化が起きる。そのきっかけは地域の人びととの日常のたわいない内容についての話し合いであった。コロナ禍によってゲストが減少し、時間に余裕ができたことで、改装したカフェスペースで近隣の住民とじっくりと話す機会ができた。また、近隣の農家から借りた農地での農作業を通じた交流や、地域の人びとと一緒につくったス

写真4-3-6　ワークプレイス「いとなみ」の私設図書館（筆者撮影）

ポーツ団体でのつながりもできた。このような地域の人びととの交流が地域への関心を高め、地域に受け入れられたという実感も持てた。それは、表2-1の地域社会で存在が認められることで、地域の人びとと対等な関係性を持つことができる④「共生」への接近であった。

いったん地域との関係ができると、地域産品である野菜や米をゲストハウスで提供できるようになり、地域との関係は強化されていく。よそ者としての移動者から定着への移行だとも考えられる。2017年に芸術村にやって来た2人は、コロナ禍を含む5年で、新たな移動者を受け入れる側になった。佐々木さん夫妻がこの地で仕事をしながら、生き生きと暮らす姿がSNSやメディアを通して拡散し、それを見た人びとがゲストとしてひとときを訪れる。現地を訪れたゲストは、2人の暮らしぶりに刺激を受け、新たな仲間を連れて西会津町を再訪する。よそ者がよそ者を呼び込む好循環が起き始めている。

同じく、2020年にNCLメンバーとして西会津町に移動してきたのが、山形県出身の佐藤雄太さんと前出の西道さんである。2020年に大阪から移住してきた西道さんは、2022年に佐藤さんと結婚し、現在は2人とも地域おこし協力隊員として活動しながら、前項のひとときと同じく上野尻地区でシェアハウス「あすのや」を運営している（写真4-3-7）。建築デザイナーとして活動する佐藤さんは、コロナ禍の2021年に古民家を購入し、シェアハウスにリノベーションした。同時に佐藤さんは町内のさまざまな建築現場でデザインをサポートしている。彼も図2-1の③「自身の活動に有利な条件・環境を求める移動者」である。

このように、町内で起業する協力隊員を、協力隊員である佐藤さん自身が建築デザイナーという立場でサポートしているように、起業をめざす協力隊員同士の交流の好循環が生まれている。一方、西道さんは、佐藤さんをサポートしつつ、コピーライティングのスキルを活用して町内外のプロモーション企画の立案や編集、取材、執筆活動に従事している。西道さんは西会津での経験を通してこれからのキャリアに役立てたいと考えており、図2-1の③「自身の活動に有利な条件・環境を求める移動者」である。

しかし、西道さんは佐藤さんと共にシェアハウスを運営したことで町内に拠点を持った。佐藤さん夫妻が営むシェアハウスは2人の住居も兼ねている。さらに、近隣の高齢者から空き家を譲り受け、地域で資源（資産）を持つようにもなった。現在の2人は林業を含めた総合建設業を営

**写真4-3-7　シェアハウス「あすのや」の佐藤さん夫妻**（筆者撮影）

むことが夢であり、同時に西会津町の里山生態系を守りたいとも考えている。後者は町への恩返しだという。2人は地域に資源も持ち、地域でサービスを生産しているので、図1-1③の商品やサービスを生産する「第3種よそ者」にあたる。しかし、現在は地域資源の管理や社会の維持にもかかわり始めており、図1-1の内部者、地域の人びとに接近している。

佐藤さん夫妻は、シェアハウスに滞在する移動者との交流を楽しみつつ、彼らから頼られる存在となっている。それは、第2章の図2-1の②「アメニティや地域とのつながりを求める移動者」ではなく、佐藤さん夫妻が「理想の環境や社会」を西会津町につくる側に転換していることを示している。つまり「ユートピア志向」であるが、消費する側から提供する側への移行である。ただし、それはもともと西会津町にある自然やアメニティの価値、人とのつながりの重要性などのユートピアの価値を共有できていたから実現したことである。

### ⑺ 意図せざる結果がもたらしたこと

西会津町では、定住を最終目標とせず、また西会津経済圏にも拘束されない2つの自由を移動者に提案していた。移動すること、地域外に対してオープンであることで、都市からの移動者が「定着」した。定着という目標は、受け入れ側の地域の人びと、内部者の考える理想であって、移動者にとっては、移動先の地域にユートピアを見出せることがより重要である。しかし、ユートピアを消費するのか、その維持や創出にかかわるのかには大きな違いがある。2組の移動者は、シェアハウスやゲストハウスに移動者を受け入れ世話をする中で、消費する側から維持する側に変容していた。

2組の移住者たちの体験は、地域内での意識と立場の組み合わせは複数あり、またそれは変容し続けることを示している。その変容は、移動縁を紡ぐ場であるBOOTによって促進できていた。しかし、それは計画的なものではなく、偶然の出会いによって形づくられていた。この

「意図せざる結果」を「意図的に」紡ぎ出したことで、西会津町は今もよそ者である移動者が移住してきている。過疎は「未来ある過疎」へとつながりつつある。

参考文献

敷田麻実・森重昌之・中村壯一郎 (2012)「中間システムの役割を持つ地域プラットフォームの必要性とその構造分析」『国際広報メディア・観光学ジャーナル』、(14)、pp.23-42.

## 4. 地域課題解決のために招聘される専門家 ──鳥取県議会

国会職員から鳥取県の議会事務局に出向した筆者は、そこで東京とは異なる地域の文化に出会う。3年におよぶ鳥取県職員としての生活は、よそ者である移動者の筆者にとって大きな変化だった。出向の成果を十分にあげることはできなかったが、鳥取県との関係はその後も継続し、本来のミッションよりも、鳥取県との関係という大きな「副産物」を得た。

### (1) 専門家としての地方派遣

筆者は、参議院に勤める国会職員である。国会職員は一般の公務員と違って仕事がイメージしにくいが、国会の議事運営や立法のための調査などの事務、国会内の警備や身辺警護などの仕事を担当している。国会中継では、発言する議員のそばで黙々と記録を取る人びとの姿を目にするが、縁の下の力持ちとして国会を支える重要な仕事である。現在国会職員は約4,000人いて、国にとって重要な立法業務を支えている。

筆者が生まれたのは青森県であり、学生時代を仙台で過ごした。参議院に就職後、勤務地は国会がある東京に限られ、基本的に地方赴任の機会はなかった。しかし、2003年1月に地方自治体である鳥取県の議会事務局に出向し、議会改革の一翼を担うこととなった。これは、筆者が経験した3年3か月の「地方」とのつき合いで得られた体験に基づく「物語」である。

小学校に入学する直前までの間、北海道奥尻島で暮らしていた経験を持っている。感覚的には地方での暮らしを体験しているが、地方で暮らすのは大人になってからは初めてであり、移動縁の始まりは鳥取市である。

中央で働く国家公務員は毎年、年間約1,000人が地方に出向し同様の体験をしている。しかし、筆者の場合は特定の「ミッション」を持って送り込まれたことが、一般的な出向との違いである。地域では特定の課題解決のために専門人材を必要とすることが多い。ちょうど無医村に派遣される医師や離島に赴任する教員のように、専門的なスキルや必要とされる資格を持って地域に入るパターンである。それは、第2章の図2-1の④「地域課題の解決や理想的な地域の実現をめざす移動者」に該当する。筆者は鳥取県の課題の解決を通して、地域で価値を生み出し提供する役割を負うことになった。ただし、そこに具体的なユートピアのデザインがあったわけではない。もちろん、具体的なメリットを志向してはいないので、与えられたミッションをどう実現するか、戸惑いと不安の中での移動であった。

### (2) 国と地方公共団体の人事交流

国と地方公共団体との間の人事交流は、1998年の「地方分権推進計画」に基づき、透明性の確保のために内閣官房から実施状況が毎年公表されている。内閣人事局によれば、国から地方公共団体への出向者の総数は、2021年10月1日現在で1,724人である。そのうち、都道府県への出向が1,131人、市町村へは593人となっている[26)]。1999年の出向者総数1,590人（うち都道府県1,177人、市町村413人）と比較すると、出向者数は現在の方が多い（図4-4-1）。参考までに、この逆のケース、すなわち地方公共団体から国への出向のケースを見てみると、その総数は3,082人である。そのうち、都道府県からの出向者が2,472人、市町村からの出向者が610人となっている。こうした国と地方公共団体の人事交流は、日本の公共部門の人事制度の特徴の1つである（秋月 2000）。

それでは、国から地方公共団体への出向人事はどのように行われているのだろうか。国はその人事サイクルに合わせて出向者を決定する。要請側の首長がその省庁の出身者であるような場合には、課長級であっても特定の名前をあげることがある。また、将来の首長候補にもなり得る

26) なお、国の出先機関から地方自治体への出向を除いた、本府省からの出向者数は997人となる。そのうち、都道府県へは664人、市町村へは333人となっている。

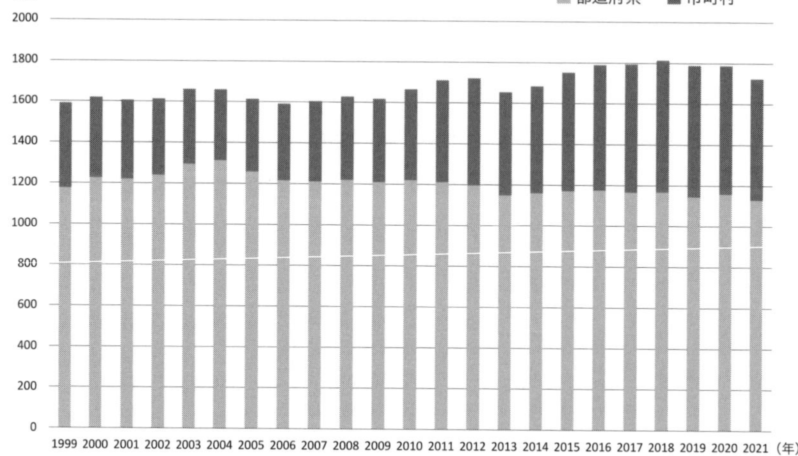


図4-4-1　国から地方公共団体への出向者数の推移

（資料）内閣人事局報道資料をもとに筆者作成

副知事や副市町村長などの場合は、個人を特定して出向の要請が来る。こうした特別な例外を除き、出向者の決定は国側で行われ、地方公共団体側はどの省庁から出向者を受け入れるか程度の要望しか出せず、立場は対等ではない。

こうした「不利な出向」を受け入れる地方公共団体側にも事情がある。大谷（2021）によれば、地方公共団体の人材確保は困難な状況に陥っている。中でも、土木職・建築職をはじめとする技術職・専門職は応募者が減少し、採用が困難になっている。たとえば土木職の場合、平均競争率は2～3倍程度にとどまり、定員割れも珍しくない。首都圏近郊の中核都市では土木・建築系の業務が増大しているが、それに対応する職員を十分に確保できていない。

これには、新卒で採用し定年まで長期雇用する地方公務員制度の「閉鎖的任用制」が影響している。また、地方分権一括法による採用人事の自由化にもかかわらず、新卒と終身雇用が基本であり、柔軟な人材の確保ができていないことも原因である。結果的に、政策形成ができる有能な人材が不足し、国からの出向や任期付採用によって人材を確保している（大谷 2017）。

では、国から地方公共団体への出向には、どのような意味があるのだろうか。秋月（2000）は、国から地方公共団体への出向人事のメリットを分析し、出向者を派遣する側の国のメリットとして、地方に対する統制の強化やコントロール、出向者を介した国と地方公共団体との意思疎通の円滑化などをあげている。

一方、受け入れる側の地方公共団体のメリットは、不足している人材の確保や国と地方のいわゆるパイプ役への期待である。また、多様な外部人材の持つ経験や感覚の活用、「しがらみ」のなさも強調されている。まさに、第1章で紹介した敷田（2009）の「よそ者効果」である。

また、国からの出向は中央からのコントロールを受けるという面もある。しかし、地方公共団体側は人材育成を近年進めており、出向人事のイニシアティブは確実に地方公共団体の側に移りつつある。

### ⑶ 地方議会と議員立法

地域のことは地域で決める。それが地方自治の基本である。そのため、地方公共団体は地域の実情に沿って自らの判断と責任で行政を進めることができる。また、地方公共団体には地方議会があり、条例の制定・改廃によって最終的な意思決定を行うことになっている。

しかし、地方議会で審議される条例案は、ほとんどが執行機関、つまり行政側から提出されている。議員から提出される、いわゆる議員立法の数は少ない。都道府県議会議員の条例案の提出数は、1999年に5件であったものが、2018年には44件まで増加しているが、これは成立した条例案全体の1.7%にしか過ぎない[27)]。

もちろん、議案の提出だけが政策決定への関与ではない。提案された議案に関しての審議に参加し、修正や改廃を求めればよいが、議会運営

---

27）全国都道府県議会議長会『定例会及び臨時会における議案数に関する調（令和3年自1月至12月）』および『委員会・議員発議条例に関する調（令和3年自1月至12月）』参照のこと。

上それにも限界がある。議会制度で認められた参考人質疑や公聴会といったツールの活用度は低い。その結果、審議は形式的なものになり、直接影響を受ける住民の意見は反映されず、行政側が提出した条例案を承認するだけのことが多い。また、議員提案を出さず、首長に対し「○○条例を制定（改正）せよ」などと一般質問で迫る発言も珍しくはない。地方議会は本当に立法機関なのかどうか疑わしくなってくる。

こうした地方議会の現実に対して、各地でさまざまな改革の努力がなされている。よく知られるものとしては、議会基本条例の制定や議会報告会の開催、一問一答方式の導入などがある。しかし、それも十分成果をあげているとはいえなかった。

### ⑷「助っ人」鳥取県へ行く

筆者に地方勤務の話が降ってきたのは、勤続14年目の2002年の晩秋であった。あわただしく仕事を整理して迎えた年末の御用納めに、出向のための退職辞令が交付された。年が明けた2003年1月、鳥取県議会事務局議事調査課長兼図書室長として鳥取県に赴任した。当初は2年間の勤務という予定であったが、2度の期間延長を経て、結局2006年3月まで3年3か月間を鳥取県で過ごすことになった。

鳥取県は東西がおよそ120km、南北が20～50kmと細長い形をしており、県の北側は日本海に面し、南側は中国山地である。地理的に、他地域との交通アクセスには難がある。鳥取県は、47都道府県の中で最も人口が少ない。2020年国勢調査によれば、鳥取県の人口は55万3,407人と、東京23区であれば世田谷区などを下回っている。同県の人口減少率は3.49％であり、全国の0.75％に比べると大きく減少している。

筆者が赴任した当時の鳥取県は、改革派知事と呼ばれた片山善博さんが1999年に鳥取県知事に就任し、2007年まで知事を務めていた（写真

4-4-1)[28]。片山知事時代にはいくつか象徴的な県政の改革があったが、中でも際立っていたのは「地方議会改革」であった。「最終的には議会の判断に従うことを信条」とし（片山 2022）、議会を重視する姿勢こそが、片山県政の特徴であった。地域の自立とは、地域のことは地域が決めるということであり、地域が決めるということは、すなわち議会が決めるということである。

**写真4-4-1　片山善博前鳥取県知事**（筆者撮影）

片山さんは県議会に対し、「執行部提出の案件を、最初は文句だけ言って、最後はもったいつけて『うん』と言うような議会のあり方ではダメ」と伝え、議会に対して自立を求めた。提出した議案は徹底的に審議し、たとえ否決されても恨まないと就任時に公言した。県議会も初めは半信半疑だったが、次第に議案の修正もするようになっていった[29]。

しかし、求められた議会側は必ずしも議案を作成する能力を持ってい

---

28) 退任後は2010年から総務大臣を務め、慶應義塾大学や早稲田大学で教鞭を執り、現在は大正大学地域構想研究所所長である。

29) 議会は、議員定数が38人（2011年の定数削減によって、現在は35人）であった。この数は、当時も今も都道府県議会の議員定数としては全国で最も少ない。

るわけではない。議会側は、「執行部側には法制執務に長けた職員がいるが、議会事務局にはいない。それなのに「「議員立法をつくれ」などと偉そうに言って」と反発した。「それでは」と、片山さんは鳥取県の法制係長を議会事務局に移籍させた。さらに、議会自らも「助っ人」を探したいということになり、当時の県議会議長が国会にお願いしたいことになった。片山さんも賛意を示した。知事も議会事務局に国会職員の専門家を入れれば、一定の効果があると考えていた。県議会での議員立法への道はこうして整えられていった。

使命感を持って赴任した筆者は、第2章図2-1で言えば、④に該当する「地域課題の解決や理想的な地域の実現をめざす移動者」であった。その課題は、鳥取県議会の改革の支援であり、議員立法の推進そのものが生み出される価値であった。そこには、筆者のものになる具体的なメリットではなく、地域の政策決定機関である鳥取県議会が望ましい姿（ユートピア）になればという思いがあった。具体的なターゲットがある点では、与えられた職務をこなすための地方支店への赴任と同じと考えることもできる。しかし、筆者は以前から議会のあり方について片山知事のめざす方向性と同じ理想を持っており、ある種のユートピアを志向する移動者であった。

一方、出向を要請した側の鳥取県の片山さんは、外部人材を求める意味について一定の考えを持っていた。それは、決まったポジションに継続的に出向させることが慣例化していたので、新たに使命や役割に応じた出向を受け入れたいということだった。片山さんは「スポットで、こういう場面、こういう局面で人が欲しい」と考えていた。

さらに、片山さんは地元の特定のグループや団体としがらみのない人を求めていた。特に、政策を決定する機能を持つ議会事務局の場合、県職員は地元出身者も多く、同郷の議員との関係ができやすい。また、終身雇用が原則の県職員は長い務めの間に議員との付き合いも深くなりがちであった。片山さんは「議員は県職員の誰かと仲がいいとか、米子出身だとか、いろいろしがらみがあるので、色のついてない人を東京から呼びたかった。議会の改革にはそれがとてもいい」と強調している。

こうした期待を受けながら始まった鳥取県議会での仕事だったが、二度の延長にもかかわらず、鳥取県議会側が期待していたものとはならず、議員立法による政策条例が数多く提案あるいは成立することにはならなかった。その理由はいくつかあるが、やはり議会という、そもそも閉鎖的、硬直的なしくみの改革は「一人の使命感」では何ともしがたかった。3年の期間はその地ならしをする程度で終わってしまった感がある。

しかし、県議会事務局での仕事は楽しかった。県議会議員はいわゆる「陳情」という政策的な要望活動などのため上京し、永田町や霞が関を訪れる機会も多い。筆者自身も、県職員として何度となく同行した。その際に以前に鳥取県に出向していた中央省庁の幹部職員を訪問することが何度かあった。国会職員では普段面談することができない相手である、省庁の幹部職員との面談も体験した。また、移動者として鳥取県の「地域の人びと」になった筆者は、地方側の人として中央省庁の人びと、つまり地域外の人びとと接することになった。

片山さんは「カルチャーショックがあったと思う。国会と全然違うでしょ」と当時の筆者の体験を振り返ってくれた。確かに、よそ者から鳥取県庁の内部の人になった経験は、気分も違うし、非常に刺激になった。片山さんに「いい交流人事だった」と言われれば悪い気はしなかった。

鳥取県で過ごした3年間は、筆者を「土地の人」に変えた。筆者にとって鳥取県は、青森や奥尻と同じく、ふるさとであると言える存在になった。東京に戻って年数が経った今も、鳥取県や山陰地方に関するニュースや話題は常に気になる。「中国」と聞けば、隣国の「中国」ではなく、中国地方を想起してしまう。鳥取砂丘の景色は懐かしい（写真4-4-2）。

また、筆者は鳥取県で「地産地消」を心がけ、楽しむようにして暮らしていた。日々の生鮮食品などの買い物は、片山さんから教えてもらった地元産品の品揃えが多いスーパーマーケットを利用していた。東京に戻ってからも、数は決して多くはないが、魚介類などで鳥取県産品があ

写真4-4-2　鳥取県のシンボルである鳥取砂丘（筆者撮影）

れば優先して購入するようになった。野菜コーナーに「鳥取白ねぎ」が陳列されていたときには率直に嬉しかった。

この点では、筆者は第2章の図2-1②「アメニティや地域とのつながりを求める移動者」であった。つまり、鳥取県が持つ自然や人のつながりなどの地域で生み出された価値を消費していた。そして、地域の人びとと仲良くなり、親族に会いに行くかのように地域に通い続けるリピーターと同じように、鳥取県をふるさとと認識し始めていた。地域の人びととの交流やつながりという、東京では経験できなかったユートピア的なコミュニティを図らずも求めていた。それは鳥取を離れて20年近く経った今も、自分の心のどこかで持ち続けている感覚である。

大きな進展のなかった専門家としての仕事だが、筆者が誇りに思っている実績が1つある。それは議会図書室のリニューアルだ。県議会の図書室長を兼務していた当時の議会図書室は、とてもではないが県議会議員の知的基盤を支えているとはいえない状況だった。とにかく古い印刷物が収められている「書庫」であり、利用実態も芳しくなかった。

2003年には、講演で知事が議会図書室を「揶揄」しているという話が筆者の耳に入ってきた。筆者の本職は、国立国会図書館と同じ国会職員である。これは聞き捨てならない。「知事にあれこれ言われて黙ってはいられない」と奮い立った。同僚の県職員にも呼びかけ、鳥取県議会の「図書室改革」を始めた。利用率の低い古い資料を思い切って処分し、図書の配置を機能的に改め、定例会ごとに「知事との論戦のためのビタミン」と銘打って、議場で論戦が予想されるテーマに沿って図書を選定した。あまつさえ、議員が必ず通る通路上にまでブックトラックを置いて関係する図書を陳列した。

図書室改革では筆者が根拠とした法律があった。都道府県議会の図書室設置は、「地方自治法」の第100条[30]の第19項で「議会は、議員の調査研究に資するため、図書室を附置し前二項の規定により送付を受けた官報、公報及び刊行物を保管して置かなければならない」と定めている。同法によって図書室設置が義務づけられたのは1947年12月だが、鳥取県議会図書室は、それに先立つ1947年7月に設置されている。鳥取県議会の第41代議長の中田吉雄さんが「執行部は、朝から晩まで県政に専念しており、議員が執行部に対抗するには、議会事務局と県議会図書館の整備が欠かせない」と主張した結果である。それは鳥取県の地方自治の歴史で重要なできごとであった。その歴史を紹介すべく、パネルや貴重な展示物を陳列するために展示コーナーを設置し、鳥取県が誇るべき自治の歴史を多くの閲覧者に振り返ってもらえたことはうれしかった（写真4-4-3）。

以上のような筆者と県議会事務局職員の動きは、筆者が参議院に復帰した後の2008年7月に「専門図書館協議会表彰」という栄誉に浴することとなった。移動者として鳥取県に赴任し、3年間外部から派遣された専門家として過ごした筆者には、印象的な経験となった。同時に、筆者は鳥取県議会関係者から存在が認められたことを感じることができた。それは第2章表2-1の④「共生」の感覚であった。後に片山さんから

30）地方自治法の第100条は、地方議会において証人尋問などを行う「百条委員会」の根拠となっている規定としてよく知られている。

写真4-4-3　充実した鳥取県議会図書室の前での筆者（当時）

「あなたが来てくれて、やっぱり議会事務局が非常にわかりやすくなった、みんな評価してましたよ」と伝えられたときには、よそ者である専門家となって良かったと実感した。

### ⑸ 鳥取県議会での経験の振り返り

ここまで、地域課題の解決をめざす移動者として、筆者の鳥取県議会への出向経験を共有してきた。筆者は議会運営の「専門家」として出向したが、専門家が使う「専門知」を整理しておきたい。

専門知については、英国の科学社会学者コリンズ（2017）が『我々みんなが科学の専門家なのか？』で明らかにしている。コリンズの分類によると、ある専門領域の専門家と聞いて一般的に思い浮かべるのは「貢献的専門家」とされている。彼らは直接課題を解決していく、もしくは研究して学術論文を書く立場である。貢献的専門家の持つ知識は「貢献的専門知」と呼ばれる[31)]。鳥取県での筆者の役割はまさにこれであった。

---

31）コリンズはほかにも専門知を分類している。専門誌を読んで得られる専門知を「一次資料知」、専門家コミュニティに参加し流暢な会話に参加できる専門知を「対話的専門知」、さらに専門家を選択する際に使われる専門知を「メタ専門知」と呼んでいる。

では、地方公共団体が専門家として国からの出向者を受け入れる場合の「専門知」は具体的にどのようなものだろうか。行政職員は自ら研究して学術論文を書くわけではないから、学術面での「貢献的専門知」は要求されない。しかし、専門家として会話ができ、他の専門家と同じような判断ができるならば、「対話的専門知」を持つことになる。一方、筆者のケースのようによそ者として地域に移動した専門家は、貢献的専門知を使っていると考えられる。それは、地域には存在しにくい、専門性の高い知識であり、このような知識を持つゆえに、専門家として地域から認識される。

これに関して、真渕(2020)は日本の行政職員、中でもキャリア官僚の専門的知識について類型化し、専門的知識を「学術知」と「現場知」とに大別している。現場知とは、特定の職業に就いた後、研修を通じて修得したり、業務を遂行するときに適宜マニュアルを参照したり、先輩の背中を見て学んだりしながら身につけていく知識である。そして、官僚の本務は学術的に支持されている(正しいと思われている)学術知を、各種の現場知を活用して政策に落とし込むことであると述べている。

この考え方を筆者自身の経験に当てはめてみたい。筆者は、議会運営の専門家として派遣された。真渕(2020)の表現を借りれば、議会に関して「学術知」と「現場知」を有していたということになる。筆者は学術論文を書いていたわけではないが、専門家として学術知を用いて会話することができ、暗黙のうちに共有する合意事項がわかっていることになる。もう1つの現場知については、筆者は議会に関する一定の「職務上の知識」を身につけ、活用しながら長年仕事を進めてきたので、現場知を有している。

行政側として必要な助言や情報提供をするだけではなく、議員側から物事を見たり、考えたりすることも求められる。

筆者の出向人事は、こうしたジレンマに対する1つの処方箋であった。筆者は「助っ人」として、よそ者に期待された成果をあげることができなかった。しかし、議会事務局に外部人材を迎えることは、専門家である筆者の持つ専門知の質・量だけではなく、受け入れる組織や地域の文化によって成果が左右されるのではないか。

地域に足りていない専門家を迎える典型例として、真っ先に思い浮かぶのは過疎地域に派遣される医師である。彼らはいわゆる無医村に入り、地域に医療サービスを提供することが本業であるが、求められれば介護や栄養指導など、専門性の範疇を超えそうな相談にも乗らなければならない。しかし、それは地域の人びとが医者を専門家としてだけでなく、地域の一員として認めることにつながる。つまり、人びとから信頼される「地域の人」になることができる。

筆者も同様に、議員提案の増加のために議員を支援するという本業のために働いていたが、その仕事をしている限りは単なる専門家としてしか認識されなかった。しかし、前述した議会図書室の整備は、本業に間接的につながる管理のための仕事であり、結果として鳥取県の一員であることが自認できた。

この経験は筆者の専門性を広げることにもつながった。それは、議会改革のための専門家から魅力的な図書室をつくる専門家への専門性の拡張であった。こうした拡張は、敷田 (2010a) が述べる「ゆるやかな専門性」である。自分の専門性だけで地域にかかわるのではなく、専門性を主体的に広げていくことが重要である。

また、図書室の整備は業務時間中に行っていたのだが、これは本来地域側から期待された筆者の本業ではなく、いわば副業であった。しかし、結果的に本業に貢献することになった。それは敷田 (2010b) が「ハーフシフト[32)]」と呼ぶ副業的な仕事であるが、よそ者が変容する上で重要になることを強調しておきたい。

鳥取県を離れた今、筆者は移動者としてではなく、東京を本拠地にして暮らしている。今は東京にいながら「地域外内部者」として鳥取県を

32) ハーフシフトとは、簡単に言えば「職場の隣接領域での無償労働」、プロボノやボランティアとも異なる新しい考え方、働き方である。

見ている。鳥取県での体験から、図2-2で示した移動者の活動内容や活動目的は静的ではなく、地域とかかわるうちに変化したことがわかる。地域課題の解決という主目的は達成できなかったが、結果的に「ささやかな実績」として、図書室の充実から地域で価値を生み出し提供する存在になることができた。その意味で、当初の移動の目的は、地域の人びととかかわることによって変化してもよいものだと思う。

参考文献


秋月謙吾（2000）「人事交流と地方政府（1）：公共部門における人材戦略」『法学論叢』、147（5）、pp.1-26.

コリンズ＝ハリー（2017）『我々みんなが科学の専門家なのか』、鈴木俊洋訳、法政大学出版局、217p.

片山善博（2022）「片山善博の「日本を診る」（153）：広島県安芸高田市長と市議会との対立―そこに地方自治改革のヒントが見える」『世界』、（960）、pp.70-72.

真渕勝（2020）「公共政策における専門的知識：キャリア官僚を中心に」『政策科学』、27（4）、pp.321-342.

大谷基道（2017）「都道府県における新たな政策に係る人材の確保：出向官僚と民間人材の活用」『公共政策研究』、（17）、pp.69-82.

大谷基道（2021）「特集 実務研究の最前線 人事政策編：人口減少時代における人材確保策を中心に」『地方行政実務研究』、（3）、pp.15-19.

敷田麻実（2009）「よそ者と地域づくりにおけるその役割にかんする研究」『国際広報メディア・観光学ジャーナル』、（9）、pp.79-100.

敷田麻実（2010a）「地域づくりにおける専門家にかんする研究：「ゆるやかな専門性」と「有限責任の専門家」の提案」『国際広報メディア・観光ジャーナル』、（11）、pp.35-60.

敷田麻実（2010b）「専門家の創造的な働き方としてのハーフシフトの提案：科学技術コミュニケーターとしての隣接領域での無償労働」『科学技術コミュニケーション』、（8）、pp.27-38.

支える買い物（オーストラリア・ケアンズ）

# 第5章
# 移動縁を紡ぐ地域編集

以前は地域側が移動者を選んでいたが、今や移動者が地域を選ぶ時代が到来している。パワーバランスの変化の中で、移動者と地域がどのような関係を築いていけるだろうか。地域に役立つ人に期待する関係人口ではなく、移動者と地域の新たな関係を築く「地域編集」を提案する。

## 1. 地域側から見た移動者たち

自治体がこれまで行ってきた交流人口拡大や関係人口増加の努力は、受け入れる地域側が何とか移動者を活用しようとしてきた試みである。その背景には、地域の人口減少と高齢化による「地域の膂力（りょりょく）」の低下があった。地域側は、弱体化する人材基盤を何とか地域外からの支援でカバーしようとしてきた。

しかし本書でみてきたように、地域側に都合が良い支援者人材を集めることは難しい。なぜなら、第2章で述べたように、地域にかかわりを持とうとする移動者の動機が異なるからであり、全員が「地域貢献」のために地域にかかわってくるのではない。むしろ多くの場合、自分に都合が良い就労機会や活動場所を求めて地域を選んでいるのが現実ではないだろうか。

ここから先は第3章と第4章の事例をもとに、移動者と地域側のパワーバランスが変化した時代に、両者をつなぐ新しい関係づくりのアプローチについて考えたい。そのベースになるのが、第2章の図2-2に示した、移動して地域に関係することになる人びと（＝移動者）の分類である（図5-1として再掲）。図5-1は第2章の図2-1に従って、地域にやって来る移動者を分類している。そこで、それぞれの節を振り返りながら、移動者たちの動機と要望について整理したい。

### (1) 価値消費型の場合—消費者としての移動者の動機と行動

まずは地域にかかわる移動者のうち、第3章に登場する地域で生み出された価値を消費したい移動者について振り返ろう。

第3章第1節の長期滞在者は、夏季の涼しい気候と豊かな自然を求めて北海道釧路市にやって来た。彼らは自分の本拠地にはない魅力、おいしい食や冷涼な釧路の気候の快適さが目的だった。彼らはもともと第2章図2-1の①「商品・サービスの消費や非日常体験を求める移動者」や②「アメニティや地域とのつながりを求める移動者」であった。つまり、

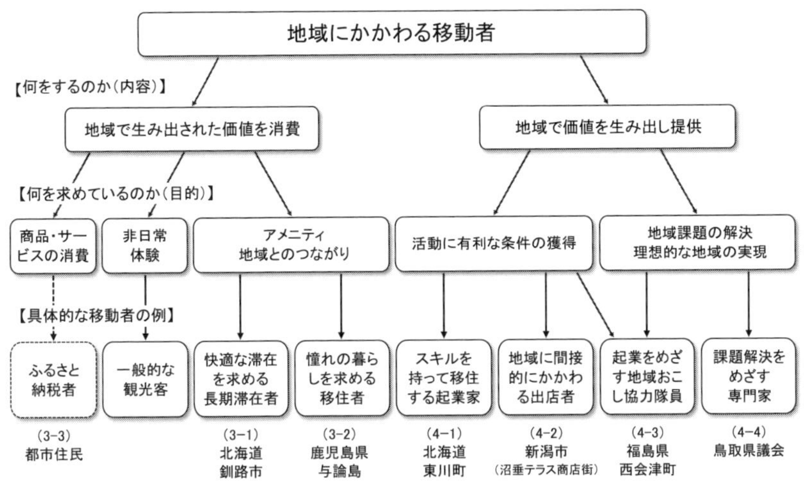


図5-1　移動して地域にかかわる人びとの分類（図2-2再掲）
注）（　）内の数字は本書で紹介する章および節の番号を示す。

どちらにしても「消費者」である。しかし、地域の人びととかかわる中で、最初の動機とは異なる動機が芽生えていった。それはアメニティを求める消費者の立場から、理想的な地域の実現という立場への変容である。実際、滞在中に④「地域課題の解決や理想的な地域の実現をめざす移動者」に変容する長期滞在者も現れた。それは釧路市の自然や文化を学ぶ講座、祭りなどへの参加、長期滞在者同士の交流会など、むしろ本拠地では煩わしいとさえ思える地域のかかわりや活動への参加だった。祭りでは、ただ楽しむことだけではなく、祭りの雰囲気を高めることで、地域を賑やかにするなど、アメニティの消費からアメニティを生み出す側への転換もみられるようになった。

そのために釧路市はまず、タッチポイントとして、長期滞在者のニーズ、つまり要望をよく聞き、移動者である彼らの求めるものを実現することを試みた。しかし、市として提供したのは具体的なメリットではなく、移動者が地域で関係を生み出す機会と場の提供だった。

そのための手段として、祭りや文化サークル、ボランティア活動に参加する機会を提供することで、地域の人びととの差をなくす工夫をし、結果的に長期滞在者が釧路で価値を生み出す機会をつくっていった。ここまでくると、長期滞在者は関係人口と同じである。

ただし、役に立ちそうな「関係人口予備軍」を最初から釧路市が探したのではなく、そのための機会と場がつくられたことで、移動者が自発的に価値の創出に目覚めた。それは市の担当者の工夫によってある程度実現できたが、完全に「計画」できたのではない。担当者が積極的に長期滞在者と向き合った結果、偶然に生じたと考えてよいだろう。釧路市の試みはそのことを如実に示している。

第3章第2節の与論島の移住者のケースでは、憧れの南国の島に移住した地域おこし協力隊員から移住後40年以上経過した人まで、4人の移住者を取り上げている。4人に共通するのは、与論島での理想的な暮らしを求めて移動してきたことだ。

ここでのキーワードは移動者の動機の多様性である。移住した4人にはそれぞれ、地域で暮らす中でかかわりや立場の違いが生じている。確かに4人とも与論島のアメニティや地域とのつながりを求めて移動して来たという立場（図2-1の②）は共通しているが、地域おこし協力隊員として移住した2人は地域課題の解決にもかかわる図2-1の④「地域課題の解決や理想的な地域の実現をめざす移動者」となっていった。また、島を写真の被写体と考えた1人は、図2-1の③「自身の活動に有利な条件・環境を求める移動者」でもあった。移住してくるよそ者としての移動者は、単一の目的のために移動してくるのではなく、1人が複数の立場を演じることがあると思われる。

もう1つ注目したいのが、「たびんちゅ」の認識、つまりよそ者性である。憧れの暮らしは、与論島の人びと、つまり地域の人びととの関係に左右される。たまたま知人の紹介で島内に土地を持つことができたDさんであっても、図1-1の第2種よそ者である。そのためにどのようにしまんちゅと関係を構築するか、つまり移動縁を紡ぐかに悩むことになる。孫の代になって初めて、しまんちゅになれるとDさんが語るように、人間関係が濃密で独特の付き合いがある島での生活で、よそ者と地域の人びとが対等でいることは難しい。

しかし、その中で居住期間が長いCさんとDさんがたどり着いたのは、たびんちゅであり続けることであった。島の社会で一定の役割を担うことで、たびんちゅでありながら、地域社会と付き合っている例である。島に居住するには、何が何でも島のスタイルに合わせなければならないという地域の人びとの主張が揺らいでいる。また、Cさんが言うように、しまんちゅにたびんちゅの考えを押し付けるのではなく、俯瞰(ふかん)的な視点で、しまんちゅも納得できる提案をすることが重要である。移動者であるから優れたアイディアを持っているわけではない。地域の人びとと移動者の創発によって新たな価値は生まれてくる。ここからみえてくるのは、移動者の柔軟性である。

続く第3章第3節では、自分は移動することはないが、地域の商品を消費し、消費者として地域とかかわる「ふるさと納税者」を取り上げた。彼らは、図2-1の①「商品・サービスの消費や非日常体験を求める移動者」であるが、非日常体験ではなく、返礼品の提供を求めている。制度のめざすところは地域支援だが、彼らがふるさと納税制度に見出すのは具体的なメリットである。

制度を利用した動機によって、彼らは「地方応援層」「応援プラス層」「利得フォロー層」「利得志向層」の4つに分類できた。このうち、地域への積極的なかかわりを期待できるのは、約15%を占める「地方応援層」である。実際、この層に属する人びとの16%が寄付先にいつか住みたいと答え、35%が寄付先にお返しをしたいと考えている。このように、寄付先に関心がない人びとの中にも、実際に地域に移住や貢献したいと考える人が少なからず存在する。

この可能性に期待して、ふるさと納税者を移動者に導くことができる。たとえば、第4章第1節で取り上げた北海道東川町はふるさと納税の寄付者に「特別町民証」を贈呈し、公共施設の利用料の割引などの特典をつけ、寄付以外の関与を生み出そうとしている。もちろん、それも意図して誘導するのではなく、何らかのきっかけで、この中の何人かがたまたま興味を持って東川町にかかわり始めると考えることが自然である。

現実には、寄付者の多くは地域を訪れたり、地域の人びととかかわったりすることはない。消費者として具体的なメリットを享受することに専心している。その関係が縁として成長することは少ない。

一方、納税された寄付金だけではなく、地域を消費で支えることがふるさと納税であるとする考え方は否定できない。地域で生み出される商品やサービスをすべて地域内で消費することはできず、地域の生産物に「余剰」が生まれる。それらの消費を支える人びととして、ふるさと納税者をとらえることは可能である。もちろん彼らもメリットは得ている。さらに、寄付金も地域再生に使うメリットがある。このように、取引とそこから得られる相互のメリットで成り立っているドライな関係が、ふるさと納税である。

### ⑵ 価値創出型の場合―移動者と地域の人びとの信頼構築

第４章では価値創出型の事例を４つ紹介している。

第１節では移住起業家を受け入れて、町としての振興策を進めてきた北海道東川町の事例を取り上げた。彼らは、もともと木工技術やクラフト製作に魅力を感じて東川町に移動してきた、図2-1の③「自身の活動に有利な条件・環境を求める移動者」である。彼らは自分が持つスキルを生かしたいと考え、地域のためではなく、自分のために価値を生み出していく。結果的に、地域で価値を生み出し提供する存在となるが、そこには仕事で成功することへの興味、つまり私的な動機がある。彼らにとっては活動しやすい場所が重要であり、移動による具体的なメリットを志向する移動者でもある。

東川町の移住起業家のメリットは、この地域の木工・クラフト生産の「集積」である。先に移住した職人からアドバイスを得やすいことや、町役場によるコンペの開催や支援が魅力となっている。町は人材育成事業や振興のためのコンセプト「街全体がショールーム」に沿って事業を進め、多角的なアプローチで木工家具やクラフトデザイナーの移住促進に結び付けている。

最近、東川町は「クラフトの街」として知られるようになってきた(写真5-1)。それを担ったのはもともと地域にいた人びとではなく、1980年代にやって来た移動者である。彼らは起業のために東川町に来たのだが、生活の場である地域の人びととの関係に悩みつつ過ごしてきた。受け入れる地域社会がまだ強固だったからだ。しかし、町の主力産業であった農業の衰退によって地域社会が弱体化すると、移住者がまちづくりの役割を担うようになる。同時に、地域の人びととしての役割である地域社会の維持や資源管理にも携わるようになり、次第に図1-1の内部者に変容している。そのプロセスは彼らが意図したのではなく、産業構造の変化という社会変化の結果であり、地域社会の維持活動への参加も「やむなく」であった。それは意図的にではなく、偶然の産物である。

一方、第4章第2節の新潟市沼垂テラス商店街の事例では、表2-1の地域とのかかわりが少ない③「分離」した移動者の存在を見ることができる。この商店街は新潟市の中心部から少し離れた位置にあるが、出店者は沼垂地区以外から「通勤」して商店を運営している。彼らはスキル

写真5-1　クラフト街道の象徴である街道を示す看板（中島修撮影）

を生かし、観光客相手に商品やサービスを販売することで価値を生み出す図2-1の③「自身の活動に有利な条件・環境を求める移動者」である。そして、沼垂地区の人びとであり、「株式会社テラスオフィス」を運営する田村さんや高岡さんと関係を持つことで、地域に過度に配慮せずに、自分の店の経営や事業に専念できている。その結果、この「自由空間」では、周辺の地域にはないさまざまなクリエイティブな活動や事業が実現した。

その背景として、商店街の管理者であるテラスオフィスが地域との調整を担っていることがあげられる。地域との関係づくりがうまくいかず離脱する移動者も多いが、同社は地域側と利害調整し、出店者と地域の人びとの間を取り持つ努力をしていた。また、発信力の高い出店者を呼び寄せ、定期的なイベントでメディアへの露出を増やし、沼垂テラス商店街に来る買い物客を増やしている。このような調整役の存在はよそ者にとって安心できる空間を生み出す。テラスオフィスはこの空間のあり方を「編集」しているようにみえる。

もっとも地域内の自由空間である沼垂テラス商店街が実現したのは、旧沼垂市場が市場としての機能を果たさなくなったことで「空白地帯」が生まれたからである。過疎化や高齢化によって地域に空白ができることは多くある。そこに生まれた自由な空間は、出店者と来訪する観光客という移動者同士を結びつけ、活発な経済活動と賑わいを生み出している。過疎化によって沼垂テラス商店街と同様の場所は各地に生じており、こうした試みが生まれることは予想できる。ただし、その場を維持するには、テラスオフィスのような調整役を必要とする。

また、テラスオフィスと出店者である移動者は、地域の人びとと、図1-1の第3種よそ者である商品やサービスの生産者としての関係である。このように、移動者と地域の人びとが、契約のようなドライな関係を持つ選択肢も、地域で考える必要があると思われる。

ただし、沼垂テラス商店街に来る買い物客は、地域外から来る観光客が中心である。いわばよそ者がよそ者に商品やサービスを提供している。

商店街という場は、テナント料を受け取っているテラスオフィスによって維持されている。しかし、周囲に迷惑をかけないので移動者が自由にしてよいかについては、沼垂テラス商店街の成功とは別に議論する必要がある。

第4章第3節で取り上げた福島県西会津町には、地域おこし協力隊員をはじめ、多くの移住者がいる。受け入れる団体BOOTのコンセプトである「未来ある過疎」にひかれてやって来る者も多い。その移動者の中心に西会津国際芸術村が位置している（写真5-2）。

しかし、西会津町で受け入れる地域おこし協力隊をはじめ、地域にやって来る移動者は、定住よりも起業を勧められる。それは定住して地域のためになることを条件とする移動者ではなく、自己実現のために活動できる移動者を受け入れるというメッセージとなっている。定着や定住という目標は、受け入れ側の地域の人びと、内部の人びとが考える理想であって、移動者は移動先の地域に自らのユートピアを見出せることがより重要である。西会津町では、図2-1の④「地域課題の解決や理想的な地域の実現をめざす移動者」ではなく、③「自身の活動に有利な条件・環境を求める移動者」として受け入れている。

写真5-2　西会津国際芸術村の建物の一角（田原洋樹撮影）

ただし、移動者には予期しない変容が起きている。事例に登場した2組の移動者は、シェアハウスやゲストハウスを開設した。彼ら自身も移動者であり、移動者同士の関係が新たな活動を地域で生み出したと考えてよいだろう。このように移動してきて生じた縁を、他の移動者の縁に結びつけて発展させることは重要である。

また、観光客や一時滞在者を受け入れる中で、移動者は地域の人びとと同じ立場を演じ、消費する側から維持する側に変容していた。滞在者との交流の中で、彼らから頼られる存在となっている。それは、第2章図2-1の②「アメニティや地域とのつながりを求める移動者」から④のユートピアをつくる側への転換である。

西会津町では、地域に役立つよそ者を呼び、いきなり地域貢献を迫るのではなく、まずよそ者が地域で自立することを提案している。この変容は西会津町にやって来た移動者だけで生じたのではなく、シェアハウスやゲストハウスの運営で他の移動者とかかわったことが影響している。つまり、立場の変容には移動者や地域の人びととの多様なかかわりが必要である。

それは図2-1の③「自身の活動に有利な条件・環境を求める移動者」の自己実現を優先し、それが間接的に図2-1の④に該当する「地域課題の解決や理想的な地域の実現をめざす」ことへの変化を促す。彼らは地域で価値を生み出し、それが結果的に「地域が望ましい（ユートピアが実現する）状態になればよい」につながっている。西会津町には起業という自己実現への関心から、地域の共通の利益の実現に向かう人びとがいる。

第4章第4節は、地方自治体に派遣された専門家の事例である。人口減少が進む中で、地方行政職員の人材確保も困難な状況にある。鳥取県の議会改革のために国（参議院）から出向した筆者（清野）は、第2章図2-1では④「地域課題の解決や理想的な地域の実現をめざす移動者」に該当する。その課題とは、鳥取県議会の改革であり、地域の政策決定機関である鳥取県議会が望ましい姿（ユートピア）に近づくことがミッションであった。

同様の役割を担う専門家には、無医村に派遣される医師や途上国への技術移転を進める専門家などが該当する。清野は、議会改革は十分な成果をあげられなかったと振り返る。鳥取県側が期待していた議員立法の増加や政策条例が数多く提案・成立することにはならなかった。成果がないことは専門家としては忸怩(じくじ)たる思いだろうが、その副次的効果に注目すべきである。赴任中に本務ではないが、議会図書室を整備する活動を担ったことで、専門分野以外で鳥取県職員と協働することができた。そこから生まれたのは、地域との一体感であり、当初想定していなかった副次的効果である。

専門家が専門分野で貢献し、価値を生み出すことだけを評価するのではなく、専門分野以外でのかかわりから価値を生み出すことを考えてもよいのではないか。専門家も移動者として地域に滞在すれば、消費者としての暮らしや地域の人びととの関係は必然的に生ずる。その縁を発展させることで予想していなかった効果、副次的効果が生まれる。地域の人びとも、地域が必要とする専門性とは別に、よそ者である地域外の専門家にもともと求めていたスキルとは異なる社会参加につながることを受け入れてもよいだろう。

### (3) 移動者と地域とつなぐ

第3章と第4章の事例で、移動者と地域の人びとの関係について考えて来たが、それぞれの事例に共通している点は大きく分けて3つある。

1つ目は、図2-1の①から④の動機が異なる移動者が幅広く訪れていることである。人口減少や高齢化で困っている地域側が、即効性があり、役に立つ関係人口を移動者に求める状況は理解できるが、移動者は自身の動機に従って、冷涼な気候や起業を目的に訪れている。そのため、地域にとって「都合のよい移動者」だけを選ぶことは難しい。

しかし、移動者の当初の動機や立場は、地域の人びと、また移動者同士の交流やかかわりによって変容する。よくいわれる「地域住民とのかかわり」だけに注目するのではなく、釧路市や西会津町の事例のように、移動者相互の関係も含めた移動者の持つ多様な縁への注目が重要である。

2つ目は、地域の「イメージ」の重要性である。事例の地域は、移動者に対して「移動先はこんな魅力を持つ地域である」という説明をしている。それがきっかけとなって移動者がやって来ていた。特に、地域の人びととは異なるイメージが好まれることもある。沼垂テラス商店街の事例では、さびれた市場が「レトロな場所」としてとらえられていた(写真5-3)。また釧路市も「寒いまち」から「涼しいまち」へ、イメージを転換していた。

こうした地域イメージは、最近「プレイスブランディング」として重要性が強調されている(194ページ参照)。地域の持つ魅力は多様だが、図2-1のユートピア志向を持つ移動者にとっては、「どのような地域」であるのかは重要である。与論島への移動者は皆、島の持つゆったりしたイメージに憧れて来ていた。ただし、実際には移動者が求めるイメージは多様である。地域イメージの要素は、産業、地域産品、ライフスタイルなど、複合的な「イメージの束」によって形成されており、それら複合的なイメージが、さまざまなタイプのよそ者＝移動者の関心にリー

**写真5-3　沼垂テラス商店街のにぎわい** (敷田麻実撮影)

チする。地域イメージをいかに発信するかが、よそ者とのタッチポイントづくりには不可欠である。

これに関連して、地域づくりで注目されている「地域ブランド」がある。それは地域産品のブランドではなく、「地域全体のブランド」(青木 2004) である。東川スタイル課 (当時) が推進する「東川スタイル」という言葉が広まったのは、書籍『東川スタイル』(玉村・小島 2016) がきっかけである。東川スタイルという言葉には地域の持つ「意味」が複合的に付与されており、移動者に対しての魅力あるメッセージとなっている。地域ブランディングのためには、それが地域の人びとにも共有されることが望ましい。

3つ目は、地域内にいながらよそ者の視点を持つことである。本書の事例の中では、第3章第2節の与論島のCさんやDさん、第4章第2節の沼垂テラス商店街の田村さん、第3節の西会津町の矢部さんがこれに該当する。彼らは出自が地域内であるかどうかにかかわらず、よそ者の発想を持っていたり、考え方がよそ者と共通していたりするよそ者性が高い人びとである。

そもそも、地域に暮らす人びとが日常、非日常の暮らしを問わず移動する移動前提社会では、「純粋に地域内の人びと」であり続けることはない。現代の地域社会は、移動者によって形づくられている。転職や引っ越し、仕事や大学への進学などによる移動によって、1人ひとりが他の地域に複数回移動した経験を持つ。また、定住していながら、インターネット上で世界中の人とつながり、多様な考え方を受け入れる人びともいる。移動前提社会では、地域に根差し、移動者と一線を画した完全な地域住民であること自体に無理があるのだ。

一方、よそ者である移動者にも、地域に内部化する指向を持つ人びとは存在する。第3章第1節の釧路市の事例のように、長期間地域に滞在し、地域づくりまで担う人びとを、地域資源を持たないからといってよそ者であると決めつけることはできない。

実際には、さまざまな指向を持つ移動者と地域の人びとが混在しているのが地域の実情である。彼らは、異なる価値観を持ちながら、同じ地域内の空間を共有している。つまり、多様なコミュニティのレイヤーを生きる多様な人材が集まっているのが地域社会なのだ。生まれてから死ぬまで同じ地域にずっと定住し、そこから離れたことのない人はほとんどいない。地域住民とよそ者の間に境界線を引くことは難しい。

以上のように考えてくると、今まで多くの地域づくりで着目されてきた、よそ者が地域に同化していく、かかわりを深めていく、よそ者と地域の人びととの関係だけに注目した考え方は誤りであることに気づく。結局、地域に先に来ていた先輩である地域の人びとと、後から地域に来た後輩である人びとという違いしかないのだから、お互い対等な関係で縁を紡ぐことが自然である。

地域内の人びとにとっても、移動者と出会う機会が増えたと感じる人も多いのではないか。すでに1人ひとりが複数の「移動縁」を持っているのが現代社会の地域である。地域内外の人びとが地域で出会うことで生じた縁を受け入れ、よそ者と地域内の人びと、よそ者同士、地域内の人びと同士が多様な縁でつながる。その「ご縁」を育てることが重要だ。

## 2. 移動縁をさらに拡張する地域編集

### (1) 分断を越えて

2023年春に、地域おこし協力隊のYouTuberが暴露した地域社会でのトラブルが共感を得たり、高知県の移住起業家が地域コミュニティから「追い出された」ことを憤ってTwitter（現在の「X」）につぶやいたことが多くの賛同を得たりした。インターネットを利用する人が増えたことで、移動者と彼らを受け入れてきた地域の軋轢（あつれき）が可視化されるようになった。交流人口や関係人口の議論が広がっている一方で、こうした分断が広がる理由はどこにあるのだろうか。

もともと地域には、固有の性質としての伝統や文化、慣習といった「規範」が備わっている。こうした地域の規範は、一時的に地域を訪れる移動者にはすぐに理解できるものではない。だからといって、移動者が地域の持つ規範をリスペクトしないのではない。彼らは彼らなりに意味を見出そうとする。地域住民と移動者とのコミュニケーションギャップの多くは、地域住民が移動者に規範を押し付けることから始まる。それは地域に帰属することを求め、移動者としてのよさを捨てることを求めているようなものだ。移動者にとって心地よいはずがないし、分断の原因となっている。

地域住民から移動者に求める関係は、地域を是として、移動者がそこに同化や馴化することが正しいとする、両者の力関係に基づいている。確かに以前は地域社会の結束が強く、移動者を「受け入れてやる」という態度をとることができた。しかし、過疎化や高齢化が進んだ地域では、もはやその主張を続けている場合ではない。移動者と地域住民が対等な立場で、これからの地域をどうするのか話し合う時期に来ている。

それでは、誰が地域社会の維持に責任を持つのだろうか。やはり、地域に根付いて地域資源を所有している、その土地で最後まで生きていく覚悟がある人びとだろうという主張はある。しかし、地域にかかわって楽しく暮らせるとわかれば、その暮らしを維持するために、自然に地域社会の維持や地域資源の管理にかかわろうとする移動者も増えるはずである。資源の所有や管理はその手段であって資格ではない。

分断を越えられるのは、おそらく地域の人びとがそれに気づいた時だろう。確かに、移動者を地域に迎え入れ、対等にやり合うことは口で言うほど簡単ではない。しかし、移動者を変えることは難しい。むしろ自分が変わることで、相手との関係を良好にする柔軟さが必要だ。地域社会に生きる人びとも、移動者に対する寛容さが欠けている場合が多い。移動者を地域の色に染める時代は過ぎつつある。地域で人びとが生き残るためには、寛容性は重要である。もちろん生き残ることだけが目的となってはいけない。地域側も変容を受け入れつつ、どのように生き残るかが重要である。

### ⑵ 関係の深化ではなく、偶発的な結び付き

第1章と第2章でみてきたように、交流人口や関係人口の議論では、観光客から移住者へと、移動者が地域とのかかわりを深めていくことに暗黙の合意があった。しかし、「かかわりを深めてもらうこと」は簡単ではない。図1-1で説明したように、第1種よそ者である観光客がよそ者性を下げて地域へのかかわりを深めるには、地域の人びとが地域資源を開放し、それを用いた商品やサービスの生産をよそ者である移動者に許容しなければならないからだ。それは簡単ではないだろう。新しいルールづくりが必要になる。

考えなければならないのは、移動の動機である。本書の事例からわかるように、彼らがやって来る動機は多様である。自分のために来たというメリット志向の移動者もいれば、理想の地域の実現に貢献したいユートピア志向の移動者もいる。さまざまな思いや動機が交錯する移動者を意図的にマネジメントするのではなく、多様な移動者を地域の多様な関係者と「出会わせて」偶発的な変容をもたらすことこそが、これからの時代に必要なアプローチだ。

そのためにもまず、地域外の人びとの関心を誘う地域のブランドイメージを高めることが重要だ。それが「プレイスブランディング」である（Govers and Go 2009）。この考え方は21世紀になって普及した。その背景には、地域がグローバル化によってフラットになり、どこに行っても同じような景色が見られるようになったことがある。しかし、実際には地域ごとに異なっている。その独自性の説明がプレイスブランディングである。さまざまな価値が複合的に束ねられた地域（という）ブランドに多様な関心を持って引き寄せられる移動者は多い。これからはルールの主張ではなく、地域のイメージや地域で求めていること、さらにはこれから地域をどのようにしたいかを説明することが重要である。

だが、それをマスメディアで発信するだけでは、マスメディアを見る限られた層にしか届かない。単に「情報を発信する」だけでなく、その情報を見てやって来た移動者を地域の人びとと結び付けたり、移動者同

士を結び付けたりする、「関係の編集」が必要である。たとえば、SNSを通じて動画を配信し、都会に住む若い世代に地域資源の魅力を発信したり、都市部の商業施設やコミュニティスペースで、移動を考えている彼らの関心に刺さるようなイベントを開催したりすることで、移動者の思いに合わせた多様な縁結びが生まれる。西会津町の事例で紹介した「西会津ナイト」がまさにそれである。

それは、関係を深化させることだけを求めているのではない。むしろ、地域を介しての出会いをできるだけ増やす行いだ。地域が生き残っていくためには、多様な縁結びの機会を増やすことが重要だ。最初から地域にふさわしい人を選ぶのではなく、たくさん出会いの機会を生み出して、そこで生まれた縁を生かせばよいという考え方である。それは、どの縁がどのように育つかは予測できないという現実を受け入れるということでもある。

### ⑶ 移動縁に意味を与える地域編集

これまでのインバウンドや移住政策は、観光客や移住希望者をどのように地域に呼び込むかに腐心してきた。そこには、できれば地域の役に立つ人びとを呼びたいという地域側の「下心」があった。もしくは、地域おこし協力隊のように、熱意があればよいから、しばらく修業してもらって地域に役立つ人に変容してもらえればよいという計算があった。そのために、まずは旅行に来てもらい、お試し移住や長期滞在、二地域居住に持ち込むという、かかわりを深めていく戦略が採用されていた。

しかしこれまでの事例でみてきたように、移動者が地域に来る理由は、自分のメリットのためだったり、共通のユートピアづくりであったりするので、特定できない。地域側は移動者の動機の違いに戸惑うのではなく、多様であることを認めて受け入れることが肝要である。

そこで必要なのは、移動者の動機の違いを認めたうえで、地域側にも多様な人びとがいることを紹介し、交差する機会を生み出していくことである。観光や移住といった特定の目的だけにフォーカスしてしまうと、

「旅行で来たけれど、とてもいいところなので移住したい」「移住はしたくないけれど、年に一度だけ訪れたい」といった移動者の複合的なニーズに応えることができない。

また、メディアからの発信の多くが、「自然豊かだ」や「人びとが親しみやすい」といった地域の一面的な魅力の発信であることも問題である。もちろん、南国への憧れといったユートピア志向の関心を持ってやって来る人を無視せよという乱暴な話ではない。最初の目的はユートピア探しであっても、地域の人びととの交流の中で、自分たちが暮らす地域社会の維持や資源管理などへの参加、つまり「自己の役割」を見つけ出すことができる。結果的にそれが地域再生や課題解決につながる。

せっかくやって来た移動者を放置したままでは、不十分である。ゆるい関心や動機で地域にふらっとやって来た移動者も多く、地域の人びととの出会いの場は、第1章で説明した移動前提社会において増え続けている。しかし、その出会い自体は偶然で、突然で、取るに足らないものだ。取るに足らないものだからこそ、そこに埋め込まれた可能性を鋭くキャッチし、新たな関係性の構築へと導くことが必要だ。

本書ではそれを「地域編集」と名付ける。その理由は、①地域のブランドイメージを発信し、地域外からの移動者を集める「情報の編集」に加え、②集まる移動者と地域の縁を察知してつなぐ「関係の編集」が重要だからだ。

「編集」と聞くと出版をイメージするが、出版では現場の情報をそのまま読者に届けるのではなく、編集して伝える。山口(1983)は、出版社における編集者を「メッセンジャーボーイ」と「メディエーター」に分けて論じている[1)]。メッセンジャーボーイとは情報を読者に届ける(だけの)存在である。それに対し、メディエーターとは仲立ちする役割であり、「コミュニケーションの新しい可能性を鋭くキャッチする存在」

1) メディエーターとしての編集者は、現実を組み立てし、可能でない現実を可能にしていく行為を通して興奮をもたらす存在である(山口1983)。

である。編集者は、単一の専門分野の専門家ではないが、多分野の専門家と関係を築き、それぞれの領域を橋渡しすることで、読者に新たな気づきをもたらすメディエーターである。

同様に地域編集者は、移動者と地域の人びとを橋渡しし、そこに地域資源を結びつける地域のメディエーターであり、そこから新たな地域ブランドイメージを生み出す。言い換えれば、地域編集とは、地域にやって来る移動者と地域の人びと、できごと、そして地域資源を組み合わせて、そこに新たな意味を与えていくことである。

### ⑷ ボトムアップな移動者の連鎖を生む

これまで、地域課題の解決には、行政やまちづくり関係者などの専門家が当たってきた。典型的な例は第4章第4節の鳥取県に派遣された清野である。今までもまちづくりNPOや地域づくり団体が、大学教員やコンサルタントを連れてきて講演や指導、アドバイスを受けてきた。しかし、本書でみてきた通り、こうしたクラシックな人材の派遣、つまり「意図的なよそ者の導入」は限界に来ている。上記の清野はそれを正直に書き留め、むしろ副次的効果が重要だったと振り返る。

専門家に頼れば安心だが、それは特定の選択肢に依存することでもある。うまくいけば評価も実績も残るが、それは賭けの要素を持っている。地域の社会環境が変化し、不確実性も高い現在、最初に想定された課題に当たる専門家の専門性が、その地域にとってふさわしいとは限らない。むしろ、特定の分野の専門家ではなくても、誰もが地域と移動者、移動者同士、地域の人びと同士をつなぐ力を発揮する可能性を秘めている。地域にやって来る多様な移動者との出会いに地域再生の可能性を見出し、彼らとともに地域に新たな意味をもたらす地域編集を進めてはどうか。

では、誰がそれを推進するのか。これまでは特定のコーディネーターやキーパーソンと呼ばれる人びとがそれを担ってきた。確かに、本書の事例の沼垂テラス商店街や西会津町のように、個人が注目されることは多い。また、NPOや地域の会社などの組織によっても進められている。

しかし、人びとが縁を持つ機会は自然発生的であり、特定の個人や組織だけで担える時代ではない。

そこで、まずは地域の人びとがその候補になる。地域に暮らすことで、地域資源の意味や重要性を理解しているからだ。ただし、地域で暮らしているだけでは地域の良さはわからない。そこには好奇心が必要である。好奇心を持つ人を呼び込むことが大切である。また、移動者もその候補である。与論島の事例におけるたびんちゅのように、移動者自身が課題意識を持ち、移動者と地域の人びとをつなぐことに取り組もうと努めることもできる。あるいは、第1章で触れた「地域内よそ者」が担うことができれば、双方の考えの違いを越境しやすいだろう。重要なことは、誰しもが出会った縁に意味を与え、地域編集者になり得るということだ。

地域編集者とは、地域づくりの主体ではなく、さまざまな移動縁を持つ人びととの関係を結び合わせることで、地域づくりのきっかけをつくる人びとである。地域課題という前提があって、それを解決するのではなく、地域内に存在するさまざまな人びとの移動縁を束ね、結果的に地域課題が解決したり、地域の魅力が新たに発現したりすることの方が現実に近い。

つまり、地域のここそこで、さまざまな場面で生まれている縁を拾い上げて紡いでいく人を増やすことが本書の提案である。出会いを楽しむ人びとがたくさんいるところにこそ、さらなる移動者が引き寄せられるからだ。つながれた縁は網の目のように広がり、移動者と地域の人びとが行き交う「連鎖」を生み出していく。

自治体が描くグランドデザインやマスタープランは「目標に向かって我慢し、努力すれば、完成したときに地域が豊かになる」ということが前提である。しかし、目標に向けて努力したとしても、当初想定した状態と社会環境が変わってしまうと、せっかくの努力も報われない。むしろ、縁を紡ぐことを楽しみながら、地域にかかわる人びとを多様に保っておく方が、社会環境の変化に対応しやすい。移動縁は地域に蒔かれた種である。すべてが育つとは限らないが、蒔いた種のいくつかは確実に育つ。その種を楽しく育てようとする人びとを増やすことが大切だ。

### (5) 地域内外の人びとによる寛容性に富んだコミュニティ

移動者と地域のご縁に意味を与え、生かすのは、組織ではなく、立場に限らず地域にかかわる日常を生きる人びとである。

従来のコーディネーターやファシリテーターと地域編集者の違いは、前者が1人であるのに対して、後者は複数であることだ。1人ひとりは得られた縁に意味を与え、関係性の変化を生み出すきっかけに過ぎない。その兆しを受け取り、次につなげる「仲間」が必要だ。それは、地域や組織を飛び越えてつながる仲間である。第3章第1節の釧路市では、市役所職員が中心的な役割を果たしているように見えるが、彼らはコーディネーターではなく、場づくりをしているだけである。そして、涼しさというメリットを求めてきた移動者の持つ潜在的なニーズを察知し、ユートピアを生む地域活動につなげている。それはファシリテートではなく、好奇心を持って訪れる移動者のエンパワーである。

確かに、設定が決まっているコーディネートとは違い、結果が予想できない。しかし、もともと縁とは偶然の産物である。1つひとつの実現性は低くても、多様な縁があちこちに生まれれば、そこから新たな可能性が見えてくるに違いない。共通するのは、偶発性を楽しむ人びとが多いこと、計画しているようで計画していない、偶然であるようで準備もしていることである。それが結果的に、地域の前向きな変化につながっていく。それは、当初掲げていた地域再生とは異なる道かもしれないが、地域で交差する人びととともに新たな道を進むことを楽しんでもよいのではないか。その地域編集のポイントを、事例をもとに4つにまとめた（表5-1）。

表5–1　事例から見た地域編集の4つのポイント

| | |
|---|---|
| ポイント①：<br>地域のイメージを発信する | 「寒いまち」から「涼しいまち」へ（第3章第1節）、「街全体がショールーム」「クラフトの街」（第4章第1節）など、どのような人に訪れてほしいかを明確にし、その地域のイメージ発信に努めることで、地域外からの移動者の関心を集めることができる。 |
| ポイント②：<br>移動者のニーズに寄り添う | 長期滞在を希望する人びとの声に耳を傾け、地域資源と結び付けたり（第3章第1節）、地域外からの出店者が過度に地域へ配慮せず事業に専念できるよう調整するなど（第4章第2節）、移動者のニーズに寄り添う姿勢が地域にこれまでなかった価値創出につながる。 |
| ポイント③：<br>移動縁（出会いの機会）を増やす | 返礼品にメリットを感じているふるさと納税者の中にも、地域を応援したい人は存在する（第3章第3節）。実際に訪れる観光客や移住者だけでなく、特別町民証を発行する（第4章第1節）など、地域にいなくても地域にゆるくかかわる人を増やすことが、地域と移動者の良縁を生み出す。 |
| ポイント④：<br>偶発的な結びつきを許容する | 起業を推奨することで（第4章第3節）、移動者が新たな移動者を呼び寄せる好循環が生まれたり、外部から呼ばれた専門家が、求められた役割と異なるところで副次的効果を発揮することもある（第4章第4節）。関係の深化ではなく、偶発的な結びつきを許容することが大切である。 |

最後に、こうした縁が広がるには、他者への寛容さが必要である。地域再生や地域づくりは、都市計画とは異なり管理することができない。せいぜいそのプロセスをマネジメントしていける程度だ。2000年代以降、Florida (2002) たちが主張してきた「創造都市論」では、寛容性が必要だと主張されてきた。人に寛容であることは、都市だけではなく、人口密度が低い地方の地域にとっても必要な時代になってきている。

地域にやって来る移動者の多様性を考えず、目標数値を設定し、地域に貢献的な移動者だけを選んでいく方法は、人口減少期の現代に不向きである。地域に行き交う多様な移動者の関心や性質を察知し、即興的につなぎ、多様な縁を受け入れる寛容さを地域にもたらすこと、それこそが移動前提社会における新しい地域づくりではないだろうか。

## 参考文献

青木幸弘（2004）「地域ブランド構築の視点と枠組み」『商工ジャーナル』30(8)、pp.14-17.

Florida, R. (2002) *The rise of the creative class: And how it's transforming work, leisure, community and everyday life*, Basic Books, 404p.

Govers, R. and Go, F. (2009) *Place Branding: Glocal, Virtual and Physical Identities, Constructed, Imagined and Experienced*, Palgrave Macmillan, 324p.

玉村雅敏・小島敏明（2016）『東川スタイル：人口8000人のまちが共創する未来の価値基準』、産学社、172p.

山口昌男（1983）『語りの宇宙：記号論インタビュー集』冬樹社、297p.

## 第6章

# 移動縁から見えるこれからの社会

本書では、移動者と地域が出会うことで生まれる「ご縁」から、両者の関係を考察してきた。よそ者をどのように受け入れるか、いかに付き合うかばかりを考えてきたこれまでのやり方ではなく、相互にリスペクトすることで良い関係を築く「良縁づくり」を考えたい。両者の共創で、移動縁から持続可能な地域へとつながる新たな価値を生み出していけるだろう。

支える（香川県小豆島町）

## 1. 移動前提社会とその課題

現在、私たちは移動によって成り立つ社会、すなわち「移動前提社会」にいる。この移動前提社会では、人は目的があってもなくても自由に移動する。移動する理由をいちいち明確に説明する人は少ない。人が何かをする際、する目的の方が大事で、移動はそのための手段に過ぎない。たとえば関係人口の代表例として紹介される地域おこし協力隊員の目的は、赴任先で仕事をすることで、移動はそのために必要な手段にしか過ぎない。自己実現も含めて、実現したいことこそが彼らには重要なのだ。このように、移動前提社会は人びとが実現したい目的の可能性を広げることに貢献している。

しかし人びとが自由に移動できるようになった結果、移動前提社会には課題も生じた。それは、移動による社会や意識の変化に原因がある。たとえば、都市への移動の多くは収入面での有利な条件、つまり経済的なメリットを得ることが目的である。そのため高度経済成長期などに都市へ移動した人びとは、環境保全やアメニティの整備など、地域資源の保全には興味を示さなかった。その結果、都市では公害や災害などの直接被害を受けない限り、地域のサステナビリティには関心を示さない層が生み出された。

しかし都市に移動した彼らも、田舎の優れた自然環境やアメニティには魅力を感じる。日常の住環境や景観に満足できない彼らは、都市から一時的に離脱する「観光」に救いを求め、非日常空間で観光客として自身や豊かな暮らしを取り戻そうとする（第2章図2-1の①「商品・サービスの消費や非日常体験を求める移動者」）。週末や休暇を利用してリフレッシュし、また都市での生活に戻るという選択である。

本書の事例では取り上げなかったが、観光は都市住民が移動者として田舎の自然環境やアメニティを消費することであり、現代社会の移動者の代表例だ。彼らはそれで満足するが、観光客が一時的に集中すれば「オーバーツーリズム」（写真6-1）も生じる。それは観光客の急増による、

**写真6-1　オーバーツーリズムと批判されることが多い京都観光**
（京都市内で敷田麻実撮影）

元に戻せない地域環境の変化であり[1)]、地域資源の一方的消費である（阿部 2020）。移動者が自由にどこへでも移動することは認められるべきだが、訪問先に与える影響を無視することはできない。

そして都市から一時的に離脱するだけでなく、「自然豊かな地方」に強い憧れを持つ移動者も現れた。彼らは田舎で長期滞在したり、二地域居住したりしながら、快適な暮らしができることに解決を求めた。こうした長期滞在や二地域居住は、本拠地を変えずに、もうひとつの土地の「いいとこどり」をする選択であり、別荘で暮らすことと変わりはない。なぜなら彼らは、地域の自然環境やアメニティの維持にはそれほど関心がないからである（第2章図2-1の②「アメニティや地域とのつながりを求める移動者」）。しかし、地域の自然環境やアメニティは誰かの努力によって維持されているはずだ。それを担うのは誰か。衰退した地域では、自然環境やアメニティを消費する移動者の増加と、それらを提供す

1）こうした不可逆的な変化は、「オーバーツーリズム」という言葉が使われる以前の1980年代から、「観光公害」や「観光のインパクト」としてすでに懸念されていた。早い時期の体系的指摘として Mathieson and Wall（1982）がある。

る地域の人びとの減少というジレンマが起こる。

また地域を訪れる観光客が増加すると、それをビジネスチャンスととらえ、彼らに商品やサービスを提供する人びとが現れる。地域の人びとが地域資源を用いてそれを提供するのであれば、資源管理にも気を配るだろうが、地域外からやって来た人びとが観光客に商品やサービスを提供する場合、資源管理が後回しになることは想像に難くない（写真6-2）。こうしたことは、どこまで許容されるのだろうか。

同様にデジタルノマドの中には、移動先での消費活動を理由に地域貢献していると主張する者もいるが、これは消費を通した地域との関係である。彼らは確かに移動先で生産行為も行っているが、そのほとんどは地域外に向けたものであり、地域にいる生産者とは明らかに異なる。

さらには、デジタルノマドが働く場を維持するために、誰かが働いていることにも目を配る必要がある。もちろん彼らは「滞在費を払っている」と、テレワーク環境の利用の正当性を主張するだろう。それは地域の自然環境やアメニティ、施設などの場の維持管理を市場取引、つまりドライな金銭関係にしようという考え方である。しかし、本当にそれで

写真6-2　ボランティア活動で維持されている棚田の風景
（石川県輪島市で筆者撮影）

よいのだろうか。彼らには維持にかかわる人びとは見えていない。たとえば私たちが宿泊するホテルの部屋の清潔さは、1部屋あたり数百円で清掃するクリーニング従事者のおかげである。しかし私たちは宿泊代を支払うだけで、彼らを意識することはない。

一方で、第3章で取り上げたふるさと納税は「移動せずに地域で消費する観光」ともいえるだろう。彼らは消費者としてだけ地域にかかわる人びとであるが、筆者の岩永が指摘しているように、利得関係だけではかかわりの維持は難しく、不在でできることには限界がある。このような寄付と返礼品を通した地域へのかかわりを批判することはたやすいが、彼らの中には地方を応援したいと考えている者もいる。「観光客はありがたいが、ふるさと納税者は困る」という地域はほとんどないだろう。

地域再生への期待が高い関係人口についても課題がある。そもそも関係人口は、「関係＝役に立つこと」を前提とし、関係する人びとを受け入れたい、関係づくりを誘導したいという地域側のニーズから生まれた。そのため、移動者が地域のために何をしてくれるのか、どのような貢献ができるのかに注目が集まる。しかし私たちは、役に立つ、立たないだけで判断して他者と関係するわけではない。

また、地域にかかわってくれることはありがたいが、実際にはすべてが地域の期待通りに運ぶとは限らない。地域の期待と移動者の目的の間に齟齬が生まれ、うまくいかないこともある。地域の役に立ちたいと移動者が思っていたとしても、あからさまに「貢献」だけを求められてはうれしくないだろう。

そこには見返りを求めない「贈与」が必要である。贈与とは、見返りを期待する贈答や見返りが確実な契約の関係ではなく、中長期的な関係づくりの手段である。相手に何かしらのメリットを提供しながら、自己の利益をいったん放棄する贈与は、現代社会にも残っている（上野・毛利 2002）。むしろ人類の歴史からみても、私たちは市場経済よりもはるかに長い間、贈与や互酬と付き合ってきた（佐々木・金 2001）。

ところが、自治体による関係人口施策では「すぐに役立つ人」を集めようとする。第4章第4節の鳥取県議会の事例をみても問題点がわかるだろう。特定の成果を出すことを求められていた筆者の清野は、すぐにはその役割を果たせなかった。しかし清野は、専門家として身につけた「メタ専門知」を鳥取県議会の関係者に移転していた。そこには後述する「予想外の効果」の発生が認められる。移動者としての専門家の派遣は、受け入れ側と移動者の即時的な関係ではなく、移動縁をどれだけ（意図的にではなく）豊潤化できるかという、「出会いからの予想外の成長」ができるかにかかっているのだ。

移動前提社会で生じたこれらの課題は、移動者と地域の人びとのどちらかで解決を図ることではない。それは関係によって生み出されている課題なので、両者がどのような関係を持つかが鍵となる。

## 2. ご縁の重要性を再考する

私たちはどこかへ出かけたときに、店先で店員から土地のおもしろい話を聞いたり、通りがかりの人に思いがけず親切にしてもらったりして、人との出会いを経験する。ふと話しかけた人が、自分と共通の趣味を持っていて大いに盛り上がるなど、さまざまな場面で「ご縁」を感じることがある。読者も多かれ少なかれ、こうしたご縁の経験があるだろう。

本書でこれまで述べてきた「移動縁」とは、出かけた先で結ばれる、何気ない縁を指している。多くの場合、旅先でのこうした縁はその場限りであり、その縁から何か見返りを期待することもない。縁とは、あくまで単なるつながりやかかわりに過ぎず、縁そのものに、特段良い悪いといった意味はない。

ただし「ご縁を大切に」というように、つながりやかかわりを大事にしようという気持ちを私たちは持っている。それは、たまたま得られたご縁が何かに役に立つかもしれない体験をしたからだ。ふとしたときにかつてのご縁に気づき、それが何かの役に立ったとき、私たちは「ご縁に恵まれた」と表現する。ご縁そのものに良い悪いはないが、そこで何らかの「意味づけ」がされ、縁が次の段階に発展したときに、その縁は「良縁」と呼ばれるようになる。

このように、ご縁が何かのきっかけで役に立つということは、すでに理論化もされている（たとえばグラノヴェッターによる「弱い紐帯の強さ」[2)]など）。本書で取り上げた各地の事例に登場した移動者も、ほとんどが「偶有的」に結ばれたご縁、すなわち移動縁によって良い縁を紡ぎ出していた。この偶有とは、たまたまではない。ある意図を持ってした行動が思いがけず別の結果を生み出すなど、ある意味で「計画的な偶然」である。もとになる行動がなければ起きないが、必ずしもその通りにはなるわけではない。

たとえば、出会いを求めて出た旅先で、思いがけずに人と知り合ったとしよう。中には最初からご縁に意味づけし、見返りを求めようと考える人もいる。それは相手を利用しようとして縁を紡ぐ人である。私たちはそうした人に出会うと、その相手に胡散臭さを感じたり、何かしらの違和感を覚えたりする。露骨に何らかの見返りを前提とするつながりやかかわりは、そもそもご縁とは呼ばないだろう。良縁は結果的に生まれるもので、計画的に良縁を紡ぎ出すことはできない。

しかし、良縁を得る工夫は可能である。たとえば多くの人びとに出会うことでご縁そのものを増やし、その中から偶有的に意味づけできる機会を待つことは可能だろう。

幸いなことに、私たちは多くの人びとが自由に移動することによって、仕事や生活、余暇などが成り立つ「移動前提社会」で暮らしている。本書の事例でも紹介してきたが、移動前提社会では観光客だけでなく、長期滞在者や二地域居住者、移住者、テレワーカー、デジタルノマドなど、さまざまな移動者が存在している。せっかくたくさんの移動者に出会える機会に恵まれているのなら、できるだけ多くの移動縁を築き、良縁を

2）アメリカの研究者グラノヴェッターが1973年に発表した「The strength of weak ties」で示した、人生のチャンスは、身近な関係が強い人ではなく、関係が薄い、たまたま会った人から得られるという実証研究の結果から生まれた言葉である。

紡ぎ出す可能性を高めた方がよいだろう。

## 3. 移動前提時代の移動縁の紡ぎ方

さて、ここまで移動前提社会の課題を振り返り、移動によって紡ぎ出されるご縁の重要性について考えてきた。ここからは「移動縁」をキーワードに、どのようにして移動前提社会を豊かにしていけばよいかを考えていきたい。豊かさとは曖昧な表現だが、人びとが移動を前提にしながらも、お互いに幸せな暮らしや仕事、社会関係、最近の言葉でいう「ウェルビーイング」が手に入れられる状態である。本書では、移動は自由だという立場を支持しながら、誰もが移動者になる可能性を指摘し、移動者と移動先の人びとが相互にリスペクトできる社会が望ましいとしている。繰り返しになるが、そのキーワードが「ご縁」である。

ご縁は、それだけで効力や有効性が発揮されるのではない。お互いの関係性によって有効にもなるし、すれ違うこともある。そこには強い意図を持って地域の支援者に仕立て上げようとか、移動者を取り込んで役立てようということではない、多数の出会いからたまたま役に立った、確率論のような世界がある。ご縁とはそのようなものだ。

また意図的にご縁を紡ごうにも、お互いの関係こそが重要であり、計画的に紡ぐことはできない。ちょうど恋に落ち、思わぬ展開で2人の関係が発展するような、予想できないものなのだ。それは、エルスター(2018)が述べる「そもそも目的としていない副次的効果」である。主たる目的を求めても得られないが、別のものを追求しているときに、たまたま得られるものが移動縁である。

それでは「ご縁がありますように」と願い、天から降ってくるのを待てばよいのだろうか。恐らく移動者が来ることを待ち続けていても、地域は変わらない。

結論から言えば、移動者とのご縁はたくさん築いた方がよいということになる。それが大変だという反論はわかる。移動者を呼び込むために熱烈なコールを送ったり、驚くような好条件を出したりする地域は多いが、それでも移動者に恵まれない地域は多い。しかし、役に立つ人に来て欲しいと言えば移動者が来るわけでもない。むしろ役に立たなくてもいろいろな人びとに来て欲しい、この地域は楽しいから、とりあえず来てみないかというメッセージが重要ではないか。

ビジネスでは「プランドハップンスタンス理論」[3)]と呼ばれる考え方が注目されている。これは、仕事で成功した人びとのキャリア形成の80％は偶然によって生じており、計画によってではないという主張である（山口 2020）。ただし偶然だからといって放置するのではなく、偶然を手に入れるために日頃から整えておくべきだという条件がつく。それは好奇心や柔軟性、楽観性などである。偶然でありながら計画されているので、「計画的偶発性」とも呼ばれている。

地域の人びとと移動者の出会いもこれに該当するだろう。地域にやって来る移動者は多様であり、必ずしも地域の思い通りにはならないが、移動者同士、または地域の人びとと移動者を結びつけていくことができれば、「期待していなかった価値の創出機会」がつくり出せるのではないか。このように考えれば、多様な移動者がやって来てから、地域の人びとと移動者をゆっくりつないでも遅くはない。80％が偶然なら、焦る必要はない。こうして人びとをつなぎ、何かを興していくことを、第5章では「地域編集」と呼んだ。それは人びとをつないで「価値の共創」を促す営みである。

地域編集では意図的な結び付けだけでなく、ふとしたことで起きる偶然の結び付けも多い。そのため関係人口のような単純にかかわりを深めていく露骨さではなく、たまたまの出会い、ご縁を大切にして、移動者を迎え入れることが重要だ。第3章第1節の釧路市の事例では、地域側と長期滞在者の関係性を「タッチポイント」という言葉で説明している

3）プランドハップンスタンス（Planned Happenstance）理論とは、「計画された偶然」などと訳されている。Mitchell, Levin and Krumboltz（1999）で提示された考え方である。国内にも2000年代初めごろから紹介された。代表的な邦訳の紹介では、クランボルツ・レヴィン（2005）がある。

が、重要なことは移動者と地域の人びとの接点である。

それでは移動者側から見たときに、どのようにすればご縁を紡ぐことができるのだろうか。

ご縁を紡ぐ現代的な方法は、私は○○ができる、○○に興味や関心がある、○○を目的で地域に来たなど、移動者自身が考えていることをオープンにすることだ。移動者は地域にとって馴染みが薄く「何を考えているかわからない」と思われがちである。そこで移動者側が自分の思いや実現したいことを表現し、地域の人びとの意見を聴くことができれば、良いスタートになるだろう。地域側もそれに耳を傾け、何を求めて地域に来ているのかを確かめ、「支援」する必要がある。なぜなら移動者は地域のために地域に来ているとは限らないからだ。移動者は彼らなりの思いや理想を持って地域に現れるのが普通だということを、地域側が理解する必要がある。しかし、それだけでは移動者と地域側の関係に変化は起きない。ご縁を移動者と地域の双方にとって意味のあるものにする、つまり良縁にするには、やはり前章で触れた地域編集が重要である。

前述した支援と聞くと、地域の人びとが移動者を助けるというイメージがあるが、支援とは「エンパワーメント」である。それは自律性を取り戻す行為であり（ラヴェル 2001）、お互いの変容を含むプロセスである。つまり地域にやって来た移動者も、地域側の人びともエンパワーし合うことが望ましい。

しかし、ここに地域の「あるべき姿」が紛れ込んでしまう場合がある。あるべき姿とは、地域はこうでなければならない、地域ではこう振る舞わなければならないなど、地域の規範のようなものである。たとえば、関係人口では地域と移動者の関係を意図的に深化させるという暗黙の前提があるが、計画的に深化させることが可能かどうか疑ってみる必要がある。関係人口になるプロセスで強調される「かかわりの深化」が地域に近づいていくこと、つまり移動者が地域に寄り添えるよう何かを身につけていくことだけになってしまってはおもしろくないからだ。これで

写真6-3　移動先でのご縁が重要
（スペイン・セゴビアで筆者撮影）

は移動者の魅力を逓減させてしまう。敷田（2009）が主張するように、よそ者である移動者は地域にない知識や技能を持ち、それを合目的的に使うのではなく、時と場合によって開花させる自由な立場にいる。彼らとご縁を紡ぐ楽しさ、不確実性が高いからこそ、おもしろい展開があることに魅力を感じてほしい。

繰り返しになるが、地域の人びとと移動者による良縁は、決して計画してできるものではない（写真6-3）。

## 4. 移動縁からの価値共創と地域社会の維持

これまで本書では、地域を訪れる移動者の重要性や移動者と地域の人びととの関係性を見てきた。第3章と第4章の事例を通して、地域の人びとと移動者を異なる集団として分けて考えるのではなく、同じ地平でとらえることを提案した。それがご縁の考え方であり、そこからお互いに価値を共創していくことで良縁につながっていく。

移動者は地域外からやって来て地域にかかわり、地域で多様な活動に参加する。地域の人びとにとって移動者は異質な他者だが、移動者との出会いはさまざまな可能性をもたらす。地域側の人びとは、その出会いをご縁と考え、自分たちのために活用し、仮に活用できなかったとしても共存する工夫をしてきた。一方、移動者は自らの異質性を保つことで魅力を持ち、地域の人びとと交流しながら自らの居場所を見つけていく。この両者の関係に加えて、地域には「地域内よそ者」と呼ばれる人びとがいる。地域内よそ者は、移動の経験こそ少ないが、移動者と同じダイナミズムを持ち、新たな地域活動を興していく。定住する地域の人びとと移動者、そして地域内よそ者によって構成される関係が、これまでの社会であった。

しかし現代社会は誰もが移動者になり、同時に地域に一定時間滞在する人びとにもなり得る社会である。このような状況では、もはや移動者と地域の人びとを区別すること自体に意味がなくなってきている。そこに移動前提社会を見出すことができる。その中で、活力を失いつつある地方と個人化した都市社会の狭間で、どのように移動前提社会を構築していけばよいのだろうか。

第１に「計画的偶発性」である。地域が衰退しているので「役に立つ移動者」を優先して集め、彼らに地域への「かかわりの深化」を求める関係人口は、一見すると合理的な考え方といえる。それは、かかわりの深化と地域への愛着や定住志向が相関するという前提のもと、地域に長くかかわってもらうという算段だ。しかし私たちはそう単純ではない。途中で地域との付き合いが嫌になったり、出ていきたくなったりする移動者もいるはずだ。役に立つ関係人口にだけ注力するのではなく、多様な人びとと関係を持つことが大切である。

シャイン・シャイン (2020) が述べるように、関係とは過去のやりとりに基づいて次の行動が予想できることである。それは約束ではなく、安心感を得ることくらいに考えておけばよい。関係を増やし、多様な移動者を分け隔てなく迎え入れられるようにしておけば、やがて偶然の出会いが一定の確率で生まれ、地域活動や支援に発展するだろう。それは質より量だという主張ではない。間口は広い方がよいということだ。

第2に「相手へのリスペクト」である。衰退する地域社会の現状に抗って生きている人びとも大勢いる。彼らより生産性が高いという理由だけで、移動者が社会で優先されるのではない。一方で、地域の人びとも移動者の持つ価値観や生き方にもっと興味を持ってもよいのではないか。地域の人びとも移動者になる可能性があるのだから、相手の思いや痛みもわかるだろう。多様な生き方や暮らし方がある方が社会は安定するし、危機にも耐えられる。私たちは新型コロナウイルスの感染拡大からそれを学んだはずだ。鶏鳴狗盗（けいめいくとう）といわれるように、何が役立つかはその時々の環境や社会状況によって決まるのであって、今がずっと続くわけではない。

第3に「地域編集と相互変容のバランス」である。移動者が地域とかかわって貢献意識に目覚めるという関係人口への直線的な変容ではなく、地域にいる多様な人びとを関係づける地域編集が重要だ。地域編集の対象は移動者だけでなく、地域の人びとも含まれる。彼らを関係づけ、そこからさまざまな価値を生み出す「流れ」をつくり出すことが、地域編集である。

しかし、ただ編集するだけでは不十分である。それはお互いが変わらないまま関係を築こうとするからだ。足りないものは、相互の変容である。地域において、移動者は地域の人びとや他の移動者との関係の中で、自他不可分であることを知り、変容する。気づくか、気づかないかにかかわらず、変容は相互関係だ。本書の事例の中でも、当初の移動の目的が知らぬ間に変容し、移動を始めたときには気づかなかったものに気づいた移動者がいた。地域とかかわることで移動者が変わるという一方向の関係ではなく、相互に変わること、相互変容が起きることが望ましい。

ただし、これからの移動前提社会にも懸念は残っている。それは、地域という場をどのようにして維持するかである。地方では草刈りや木々の剪定など、地域資源や自然環境の世話をしなければならないし、野生生物との対峙も避けては通れない。自然環境の影響を極力排除してきた都市でさえ、その環境の維持に手間がかかっている。それを意識せずに済んでいるのは、自治体や特定の誰かにその役割を任せているからだ。

だからといって、全員がこうした資源管理を担わなければならないと主張するのではない。最近の若年の移動者は、必ずしも地域振興の使命感や生活の向上のために移住するわけではなく、もっと「ライト」に地域にやって来ているではないか。そこで、彼らが資源管理を楽しめるような価値観を共有したい。地域社会で生きるには資源管理の苦役を甘受しなければならないという等式から逃れ、地域に貢献しなければならないという前提を、いったん否定してみる。そのためにも、前述したように、移動者が楽しむことや独自の価値観と地域の利益を一致させる「計画的な偶然性」がポイントになってくる。

もちろん、移動者には地域資源の管理を担う人びとへのリスペクトも必要だ。支えられていることを忘れたとき、地域社会は崩壊する。誰かが支えているという現実を知ることは、私たちが思う以上に重要である。

最後に、これからの移動前提社会は、定住者と移動者、中央と地方、田舎と都市ではなく、相互に移動する中で、お互いがどちらの立場も持てるパラレルワールドでありたい。選択肢が適度にあることは豊かさの証しである。

参考文献

阿部大輔（2020）「観光がもたらすコラボラティブ・エコノミーの可能性」『都市計画』、69(3)、pp.52-55.

エルスター＝ヤン（2018）『酸っぱい葡萄：合理性の転覆について』勁草書房、371p.

Granovetter, M. S. (1973) The Strength of Weak Ties, *American Journal of Sociology*, 78(6), pp.1360-1380.

ラヴェル＝キャサリン（2001）『マネジメント・開発・NGO：「学習する組織」BRACの貧困撲滅戦略』新評論、306p.

クランボルツ＝J＝D・レヴィン＝A＝S（2005）『その幸運は偶然ではないんです！：夢の仕事をつかむ心の練習問題』、花田光世ほか訳、ダイヤモンド社、229p.

Mitchell, K. E., Levin, A. S. and Krumboltz, J. D. (1999) Planned Happenstance: Constructing Unexpected Career Opportunities, *Journal of Career Counseling and*

*development*, 77(2), pp.115-124.
Mathieson, A. and Wall, G. (1982) *Tourism: Economic, Physical and Social Impacts*, Longman, New York, 208p.
佐々木毅・金泰昌編（2001）『公と私の社会科学』東京大学出版会、246p.
敷田麻実（2009）「よそ者と地域づくりにおけるその役割にかんする研究」『国際広報メディア・観光ジャーナル』、(9)、pp.79-100.
シャイン＝エドガー＝H・シャイン＝ピーター＝A（2020）『謙虚なリーダーシップ：1人のリーダーに依存しない組織をつくる』英治出版、235p.
上野俊哉・毛利嘉孝（2002）『実践カルチュラル・スタディーズ』筑摩書房、253p.
山口周（2020）『ビジネスの未来：エコノミーにヒューマニティを取り戻す』プレジデント社、317p.

## おわりに

地域外から来る人びとを研究対象とする「よそ者論」は、古くて新しいテーマである。私たちは他の組織や秩序に由来する人びとを「よそ者」と呼ぶ。それは彼我の違いを表す便利な言葉として、日常会話でも使われてきた。ただしそこには否定的な意味が込められ、自分たちが標準で、よそ者は異端だとする前提があった。

しかし近年は、衰退が著しい地域にやって来るよそ者に注目が集まっている。代表的なものが関係人口論だ。そこには「助けてくれる人」「役立つ人」としてのよそ者への期待が生じている。

ただし、基本的な構図は変わっていない。それは多数派で優位な定住者と、少数派であるよそ者の立場の違いである。移動しない多数派の定住者たちが、個人であるよそ者を迎え入れる関係があった。

しかし、この構図は崩れつつある。人口減少と高齢化によってスポンジ化した地域では、多くのよそ者たちが隙間に入り込み、元の住民が多数派ではなくなりつつある。よそ者たちのスタイルも、定住を目的としない関係人口や二地域居住者、ライフスタイル移住などライトな移動者が時代の支持を得ている。そのことが余計に、多数派であった地域側のイライラを惹起（じゃっき）してしまう。

一方で多数派である地域の人びとも、一か所に留まって一生を過ごすことはない。人生のステージ、時期によって学校を選び、職場を選び、住む土地を変えていく人生を送っている。移動することが、生活や仕事を保証しているからだ。私は動かないと主張する人びとも、人生の終末期には自宅から施設や病院に移動する。つまりもはや、誰もが移動する人びと、移動者として生きる「移動前提社会」なのだ。

本書は「よそ者」、つまり地域外から地域にやって来る異質な他者の研究に関心を持つメンバーによって綴られた。しかし執筆は、予想以上に困難を極めた。企画のスタートから1年あまりの時間が経過するにもかかわらず、どこに焦点を当てるのか定まらず焦る日が続いた。その理由は、考えれば考えるほど、よそ者を区別する意味がわからなくなったからだ。

結局、企画段階でよそ者について論ずるはずだった本書は、最終的に「移動縁」にたどり着いた。当初はよそ者論の集大成をめざしたが、議論の中で私たち編者は、よそ者自身より、よそ者との出会いである移動縁に惹かれていった。

これまでの「よそ者論」は、よそ者を礼賛しただけのものや、少数の成功事例を拡張したものまで、期待が先に立っていることが多かった。関係人口と呼ばれる人びとも、「役に立つ」ことを前提に語られてきた。そして多くの地域は優れたよそ者を獲得するために競っていた。

しかし彼らの来訪理由は多様で、必ずしも地域に役に立とうと思って来るのではない。そこで本書は、この「常識」に逆らって、「すぐに役に立たなくてよい」ことを推奨した。むしろ、多様なよそ者とのご縁を豊かにし、そこから果実を生み出していく戦略である。それは私たちが迷いに迷って出した、ある意味で新たな「よそ者論」でもある。

本書の出版にあたり、企画の段階から好奇心を持ってかかわっていただいた水曜社の仙道弘生社長にまずお礼を申し上げたい。ともすればマイナーなテーマ、よそ者について書くことを受け入れていただけなければ、出版は実現しなかった。また複数分野の研究者が執筆した本書を通読し、的確に校正してくれた長谷邦紀さんと吉田昭代さん、竹野克己さん、そして娘の敷田八千代に感謝したい。最終段階の校正は、著者の清野和彦さんと中島修さんの努力に負うところが大きい。また、著者たちの調査に応えていただいた各地の関係者にもお礼を申し上げたい。最後に、この出版にいたる調査や研究の大部分は、JSPS科研費（22H03851）およびJSPS科研費（20K12443）、さらに公益財団法人三菱財団の助成によって実現したことを記しておきたい。

これまでのよそ者論では、地域の力の回復のために何とかよそ者を取り込むことに力を入れてきた。これからは肩の力を抜いて、一緒に新たな地平を開くことになる。誰もがよそ者にもなり、受け入れる側にもなる時代である。彼我の違いを超えて移動縁に期待していきたい。

晩秋を迎えた石川県加賀市大聖寺にて

編者代表　敷田麻実

執筆者 （掲載順 ＊は編者）

＊**敷田 麻実**（しきだ・あさみ） ・はじめに ・第1章 ・第2章 ・第5章 ・第6章 ・おわりに

北陸先端科学技術大学院大学先端科学技術研究科教授。石川県加賀市出身。高知大学農学部栽培漁業学科を卒業し、1983年から石川県水産課勤務。豪州ジェイムズクック大学大学院および、金沢大学大学院社会環境科学研究科博士課程を修了し、博士号を取得。1998年に金沢工業大学環境システム工学科助教授に就任、2002年から同教授。2007年から北海道大学観光学高等研究センター教授。「野生生物保護学会（現在は「野生生物と社会学会」）」元会長。専門は地域資源戦略論。主な編著書に『観光の地域ブランディング』（学芸出版社）、『地域資源を守っていかすエコツーリズム』（講談社）、『はじめて学ぶ生物文化多様性』（講談社）。

＊**森重 昌之**（もりしげ・まさゆき） ・第2章 ・第3章第1節 ・第6章

阪南大学国際観光学部教授。大阪府豊中市出身。金沢大学経済学部、同大学院経済学研究科修士課程を経て、パシフィックコンサルタンツ株式会社、株式会社計画情報研究所に勤務。その間に北海道大学大学院国際広報メディア・観光学院博士後期課程を修了、博士（観光学）。2011年に阪南大学国際観光学部に着任し、2018年より現職。専門は観光資源論、観光まちづくり、観光ガバナンス。主著に『観光の地域ブランディング』（学芸出版社・編著）、『観光による地域社会の再生』（現代図書）、『地域創造のための観光マネジメント講座』（学芸出版社・分担執筆）、『はじめて学ぶ生物文化多様性』（講談社・編著）ほか。

**馬場 武**（ばば・たけし） ・第3章第2節

鹿児島大学法文学部講師。鹿児島大学大学院人文社会科学研究科博士後期課程満期取得退学。システムインテグレーターにて銀行システムの開発に従事した後、清泉女学院短期大学助教を経て、現職。専門は，情報の経営学およびマーケティングマネジメント。現在は、地域文化資源による価値創造について研究している。主要論文に「地域産業における水平的組織間ネットワークの分析」（日本情報経営学会誌第40巻第3号）ほか。

**岩永 洋平**（いわなが・ようへい） ・第3章第3節

九州産業大学商学部教授。シンクタンク、広告会社などを経て現職。地方企業の事業成長を支援するマーケティングプランナーとして、全国の中小企業の事業にかかわっている。地域ブランド研究により、第16回ダイレクトマーケティング学会賞を受賞。著書に『地域活性マーケティング』（ちくま新書）、『通販ビジネスの教科書』（東洋経済新報社）ほか。

**中島 修**（なかじま・おさむ） ・第4章第1節

前橋工科大学環境デザイン領域講師、ナカジマデザインスタジオ主宰。1975年東京都出身。首都大学東京（現・東京都立）産業技術大学院大学創造技術専攻修了。北陸先端科学技術大学院大学博士前期課程修了。建設会社、設計事務所勤務の後、木工職人・デザイナーとして研鑽。その後、関東学院大学工学部助手、埼玉県県立川越高等技術専門校木工工芸科職業訓練指導員、東京都立産業技術大学院大学助教等を経て現職。ものづくりと地域づくりを横断したプロジェクトやリサーチに取り組む。主著に『JIDA STANDARD SAMPLES 6〈WOOD〉』ほか。

**高野 あゆみ**（たかの・あゆみ） •第4章第2節
広告代理店に勤務。1997年新潟市出身。2021年北陸先端科学技術大学院大学先端科学技術研究科修了。2022年より現職。現在は、デジタル広告のビジネスプラナーとして活動している。修士論文タイトルは「所有型商店街におけるプレイスブランディング実現のためのプラットフォーム形成についての研究：新潟市沼垂テラス商店街を事例として」。

**田原 洋樹**（たはら・ひろき） •第4章第3節
明星大学経営学部特任教授、株式会社オフィスたはら代表取締役。奈良県生駒市出身。法政大学大学院政策創造研究科修了。株式会社JTB、リクルートマネジメントソリューションズを経て独立。現在は、大学教員と地域人材コンサルタントとして活動する。専門は、地域経営、観光まちづくり、地域人材マネジメントなど。主な著書『地方創生 −デジタルで救う地域社会・経済−』（中央経済社・分担執筆）、『経験と場所のブランディング』（千倉書房・共著）、『課長のための“やらない”教科書』（三笠書房）ほか。

**清野 和彦**（せいの・かずひこ） •第4章第4節
参議院常任委員会専門員・国土交通委員会調査室長。1966年青森県出身。東北大学法学部を卒業し、1989年より参議院に勤務。国土交通委員会調査室首席調査員、第一特別調査室長（国際経済・外交に関する調査会、沖縄及び北方問題に関する特別委員会、政府開発援助等に関する特別委員会の調査事務担当）などを経て2022年より現職。この間、2003年1月から2006年3月まで鳥取県議会事務局議事調査課長兼図書室長。主要論稿に「沖縄経済は米軍基地に依存しているのか」（中央公論2015年6月号（特集：空転する沖縄の「未来」））ほか。

＊**影山 裕樹**（かげやま・ゆうき） •第5章
大正大学表現学部専任講師、編集者、文筆家、メディアコンサルタント。“まちを編集する出版社”千十一編集室代表。1982年東京都出身。アート・カルチャー書の出版プロデュース、ウェブ制作、著述活動の他、「十和田奥入瀬芸術祭」（2013）、「CIRCULATION KYOTO」（2017）など、紙やウェブといった枠を超えさまざまな地域プロジェクトのディレクションに携わっている。その他、地域×クリエイティブ ワークショップ「LOCAL MEME Projects」の企画・運営、ウェブマガジン「EDIT LOCAL」の企画運営なども。著書に『ローカルメディアのつくりかた』、編著に『あたらしい「路上」のつくり方』、共編著に『新世代エディターズファイル』ほか。

# 移動縁が変える地域社会——関係人口を超えて

発行日　2023年12月13日　初版第一刷
2024年 2月14日　初版第二刷

編　者　敷田 麻実・森重 昌之・影山 裕樹

発行者　仙道 弘生

発行所　株式会社 水曜社
〒160-0022 東京都新宿区新宿1-31-7
TEL：03-3351-8768　FAX：03-5362-7279
URL：suiyosha.hondana.jp

装　幀　清水 翔太郎（tokyo zuan）

ＤＴＰ　有限会社 グランビット

印　刷　モリモト印刷 株式会社



ISBN 978-4-88065-554-3　C0036